DOCUMENTS PUBLICS
POUR SERVIR A L'HISTOIRE DE LA GUERRE DE 1870-1871

VII

RECUEIL

DES

DÉPÊCHES FRANÇAISES

OFFICIELLES

Circulaires, Proclamations, Rapports militaires

ORDRES DU JOUR

Résumant tous les faits importants qui se sont passés pendant
la guerre franco-prussienne

6 juillet 1870 — 28 mai 1871

CLASSÉS PAR

PAUL CHASTEAU

2re SÉRIE

SUITE ET FIN DE LA GUERRE — L'ARMISTICE

Du 12 décembre 1870 au 16 février 1871

Prix : 1 fr. 50

PARIS

LIBRAIRIE INTERNATIONALE
A. LACROIX, VERBOECKHOVEN et Cie, ÉDITEURS
15, boulevart Montmartre et faubourg Montmartre, 13
MÊME MAISON A BRUXELLES, A LIVOURNE ET A LEIPZIG

—

1871

RECUEIL

DES

DÉPÊCHES FRANÇAISES

OFFICIELLES

Paris. — Imp. Émile Voitelain et Ce, rue J.-J. Rousseau, 61.

DOCUMENTS PUBLICS

POUR SERVIR A L'HISTOIRE DE LA GUERRE DE 1870-1871

VII

RECUEIL

DES

DÉPÊCHES FRANÇAISES

OFFICIELLES

Circulaires, Proclamations, Rapports militaires

ORDRES DU JOUR

Résumant tous les faits importants qui se sont passés pendant
la guerre franco-prussienne

6 juillet 1870 — 28 mai 1871

CLASSÉS PAR

PAUL CHASTEAU

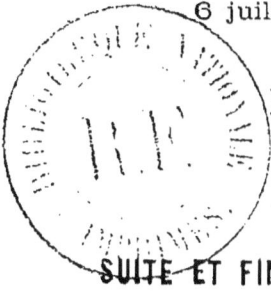

2re SÉRIE

SUITE ET FIN DE LA GUERRE — L'ARMISTICE

Du 12 décembre 1870 au 16 février 1871

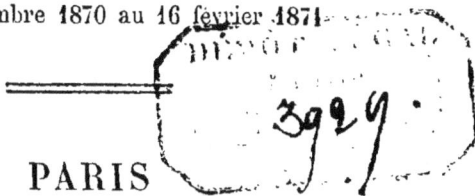

PARIS

LIBRAIRIE INTERNATIONALE

A. LACROIX, VERBOECKHOVEN ET Cie, ÉDITEURS

15, boulevart Montmartre et faubourg Montmartre, 13

MÊME MAISON A BRUXELLES, A LIVOURNE ET A LEIPZIG

—

1871

RECUEIL

DES

DÉPÊCHES FRANÇAISES

OFFICIELLES

Bordeaux, le 13 décembre 1870, 7 h. 30 m. matin.

Les embarras matériels de la translation des services de Tours à Bordeaux ont été la seule cause de l'interruption des dépêches de guerre.

La dernière affaire importante de l'armée du général Chanzy est du 10, et a duré de huit heures et demie à cinq heures et demie. Dans cette journée, 400 prisonniers ont été faits et le village d'Origny repris. Les prisonniers ont confirmé pertes ennemies considérables le 9 et le 10.

Nos mitrailleuses ont fait nombreuses victimes. De notre côté pertes sensibles.

Dans le val de la Loire, l'ennemi paraît prononcer son mouvement sur la gauche.

Rien de nouveau de l'armée de Bourges.

En Normandie, l'ennemi occupe Evreux; il a évacué Elbeuf et Oissel.

Dans un engagement, hier, à Beaumont-le-Roger, il a perdu 50 tués ou blessés; nous avons seulement 3 tués et 5 blessés.

Bordeaux, le 13 décembre 1870, 11 h. 10 m. mat.

Aucun engagement à signaler.

Sur la rive gauche de la Loire, l'ennemi a paru à Contres, à Montrichard et à Romorantin.

Dans l'ouest, il occupe Conches.

Il a évacué Verneuil et Dreux.

En Bourgogne, quelques cavaliers sont entrés à Saint-Jean-de-Losne.

Bordeaux, le 14 décembre 1870, 12 h. soir.

Toujours pas d'engagement important.

Rien à signaler sur la Loire.

Évacuation du triangle Verneuil, Brezolles, Dreux confirmée.

Dans la Seine-Inférieure, l'ennemi semble plutôt reculer. Dieppe est libre depuis le 10; Évreux et Serquigny sont occupés.

Hier, des Prussiens travaillant à détruire un pont ont été débusqués par mobiles, qui en ont mis 16 hors de combat.

Bordeaux, le 16 décembre 1870, 4 h.

Le grand-duc de Mecklembourg a dirigé, mercredi, une très-vive attaque sur Fréteval, qu'il a occupé fortement la nuit, mais qui lui a été repris hier.

Réuni à des troupes de Frédéric-Charles, il a engagé hier un combat en avant de Vendôme; nos troupes ont bien résisté; on s'est battu jusqu'à la nuit.

L'ennemi paraît avoir essuyé de grandes pertes entre Briare et Gien; trois bataillons bavarois ont été poursuivis jusque dans Gien par des mobiles.

Le 11, un convoi prussien a été enlevé entre Chauny

et La Fère par des troupes de l'armée du Nord, qui ont fait une centaine de prisonniers.

Le Havre est de nouveau menacé par l'ennemi.

———

Bordeaux, le 18 décembre 1870, 7 h. 20 m.

Nouvelles de Paris du 17, par le ballon Davy, tombé à Beaune aujourd'hui.

Paris continue à être calme, résolu, confiant. Nous avons des vivres pour longtemps.

L'armée et la population sont pleines d'ardeur.

———

Bordeaux, le 18 décembre 1870, 4 h. s.

L'armée du général Chanzy a soutenu, hier, quelques escarmouches sans importance.

L'ennemi paraît s'éloigner de nouveau du Havre, mais cette fois dans la direction d'Amiens.

———

Circulaire

Bordeaux, le 19 décembre 1870, à 4 h.

Depuis quelques jours les fausses nouvelles se sont répandues avec une persistance et une malignité incroyables.

Certains journaux empressés à les répandre et à les commenter, semblent obéir à un mot d'ordre. Je ne saurais trop vous engager à tenir les populations en garde contre de pareilles manœuvres, qui n'ont d'autre but que de dérouter l'opinion et d'énerver la fibre patriotique. Il faut que les départements imitent la confiance et la fermeté d'âme de Paris, que les messages prussiens, introduits dans ses murs, ne réussissent même pas à émouvoir. Le gouvernement de la République tient à honneur de ne rien cacher de la vérité.

Tenez donc pour certain que les nouvelles de guerre qui ne vous sont point directement communiquées par nos bulletins quotidiens sont apocryphes.

Lorsque nous gardons le silence, c'est qu'il n'y a aucun fait accompli à signaler.— Quant aux mouvements stratégiques, tout le monde comprendra la réserve que nous devons garder. Soyons patients, calmes et courageux !

A Paris, comme sur les rives de la Loire, la situation est bonne. Si l'œuvre de la résistance nationale n'est entravée par aucune défaillance, si tous les citoyens, au lieu de se laisser aller à des paniques inexplicables, savent élever leurs résolutions à la hauteur des circonstances, l'heure de la revanche sera prochaine, telle est notre inébranlable foi.

Aidez-nous à la faire partager par les populations, en réagissant contre des faux bruits qui, dans les circonstances actuelles, sont une véritable conspiration contre la patrie.

Bordeaux, le 19 décembre 1870, 4 h. 55 s.

Vingt-quatre mille Prussiens, avec onze batteries d'artillerie, ont attaqué Nuits, hier, et l'ont occupé après un combat acharné qui a duré jusqu'à cinq heures et dans lequel ils ont éprouvé de grandes pertes. Les nôtres, bien que sensibles, sont beaucoup moindres. On s'attend à de nouveaux engagements de ce côté.

Près du Havre, soixante cavaliers sont venus jusqu'à Saint-Romain, où les francs-tireurs les ont dispersés.

Bordeaux, le 20 décembre 1870, à 1 h. 15 s.

On ne signale aujourd'hui qu'un engagement près de

Brionne (Eure-et-Loir). Deux cents Prussiens, qui ont été délogés à la baïonnette des hauteurs boisées, ont fui en déroute sur Bourg-Héroulde, emmenant de nombreux morts et blessés. De notre côté, deux blessés.

Circulaire

Bordeaux, le 20 décembre 1870, 6 h. 30 s.

Les informations que le gouvernement vient de recevoir de Paris lui permettent de démentir, de la manière la plus catégorique, les bruits de désordre dans la rue et de répression violente, dont certains journaux se sont faits les propagateurs. Les seuls faits regrettables qui puissent être signalés sont des infractions à la discipline militaire, qui ne forment, du reste, qu'une infime exception parfaitement circonscrite, et qui ont entraîné la dissolution de deux bataillons de la garde nationale : celui des tirailleurs de Belleville et celui des volontaires du 147e.

M. Flourens a été envoyé devant un conseil de guerre à raison de faits auxquels la politique est étrangère, sous la prévention d'une usurpation d'insignes et de commandements militaires; un certain nombre de volontaires de Belleville sont traduits devant la même juridiction pour désertion en présence de l'ennemi. Il ne s'est produit, ni à l'occasion de ces faits particuliers, ni en aucune autre circonstance, aucun symptôme de discorde civile; l'esprit d'union, de patriotisme, n'a fait, au contraire, qu'aller en augmentant.

Bordeaux, le 21 décembre 1870, 1 h. 35.

Divers engagements ont eu lieu hier aux environs de Tours, qui est menacé de près du côté de la ligne de

Vendôme. En Normandie, l'ennemi continue à se fortifier. A Bourg-Héroulde, un petit détachement de cavalerie, venu à Clos-Monfort pour couper le télégraphe, a été repoussé par mobiles.

Un nouvel engagement paraît avoir eu lieu, hier, vers Nuits, mais les détails manquent.

Bordeaux, le 21 décembre 1870, 3 h. 30.

Le 20, un engagement a eu lieu à Monnaie et à Notre-Dame-d'Oé, et a duré une partie de la journée.

Nous avons infligé des pertes sérieuses à l'ennemi et fait soixante prisonniers; mais avons fait retraite devant forces très-supérieures. Nous avons éprouvé, dans cette retraite, des pertes sensibles. Hier, des cavaliers ennemis, arrivant à Tours, ont été accueillis par coups de feu qui en ont blessé trois ou quatre.

Des obus ont été lancés sur la ville et ont fait quelques victimes. Le drapeau parlementaire a été hissé; le maire a obtenu la cessation de la canonnade.

L'ennemi n'est pas entré hier dans la ville.

On annonce que les Prussiens sont arrivés, le 20, à Auxerre, au nombre de sept ou huit mille hommes.

Bordeaux, le 21 décembre 1870, à 6 h. 30.

M. Gambetta, ministre de l'intérieur et de la guerre, poursuivant la tâche qu'il s'est donnée de se rendre compte lui-même de nos forces militaires, a quitté Bourges pour se rendre à Lyon.

Bordeaux, le 21 décembre 1870, à 7 h. 30.

Une dépêche du préfet du Rhône vient d'informer le gouvernement qu'un épouvantable forfait a été commis

hier à Lyon. Un des chefs de bataillon de la garde nationale de la Croix-Rousse, républicain éprouvé, saisi sous
un prétexte futile, a été fusillé par une bande de misé-
rables, probablement stipendiés par des ennemis de la
République et de la France. L'exécution a eu lieu, après
un simulacre de jugement qui ajoute, si c'est possible, à
l'odieux du crime.

La dépêche du préfet, qui apporte ces détails, disait :

Lyon est consterné et indigné, mais tranquille ; l'ordre
ne sera pas troublé.

A la réception de la dépêche, M. le garde des sceaux,
ministre de la justice, a donné l'ordre de poursuivre
énergiquement les coupables. De son côté, le ministre de
l'intérieur et de la guerre télégraphie de Lyon, à ses collègues du gouvernement, que le crime commis hier a
indigné la population.

On recherche activement les assassins pour que justice
exemplaire et expiatoire se fasse.

Bordeaux, le 22 décembre 1870, 5 h. 45.

Un messager du gouvernement, arrivé par ballon à
Beaufort (Maine-et-Loire), annonce qu'il a laissé Paris
en excellent état.

Les opérations militaires avaient recommencé hier
matin.

Avons eu un combat d'artillerie qui nous a été
favorable.

La villa Évrard et la Maison-Blanche ont été prises
par le général Vinoy.

Le général Ducrot a livré un combat en avant du
Raincy.

L'ennemi n'est pas entré à Tours, il s'est replié vers
Château-Renault.

Bordeaux, le 24 décembre 1870, 12 h. 50 soir.

Hier, l'armée du Nord a livré bataille, de onze heures à six heures, à Pont-Noyelles, et est restée maîtresse du champ de bataille, après un long combat d'artillerie terminé par une charge d'infanterie sur toute la ligne.

L'ensemble des renseignements de la Loire indique que l'ennemi renonce à poursuivre sa marche au-delà de Tours, et que même il se replie sur Orléans.

De nouveaux renseignements sur l'affaire de Nuits, du 18, permettent d'affirmer que cette journée a été avantageuse. Le général Crémer, avec moins de dix mille hommes, dont beaucoup voyaient le feu pour la première fois, et trois batteries, a soutenu, jusqu'à la nuit close, un combat contre des forces très-supérieures, appuyées par sept batteries ; l'ennemi n'est entré dans la ville qu'à la faveur de l'obscurité et a dû l'abandonner dès quatre heures du matin.

Notre retraite, faite en bon ordre, n'a pas dépassé un rayon d'un kilomètre.

Les pertes avouées par l'ennemi sont quatre fois plus considérables que les nôtres.

Le prince Guillaume de Bade a été blessé mortellement ; depuis ce temps, l'ennemi n'a ni renouvelé son attaque, ni inquiété les positions du général Garibaldi.

C'est, de notre côté, l'héroïque 1re légion des mobilisés du Rhône qui a le plus souffert.

Le 20, Nuits était complétement abandonné par l'ennemi, qui laissait nombre de morts dans les vignes, et nous reprenions possession des blessés que nous n'avions pu évacuer et d'un nombreux matériel.

Les nouvelles de Belfort annoncent une sortie dans la nuit du 20 au 21, désastreuse pour les assiégeants ; beaucoup de leurs canons ont été encloués, et les villages environnants sont remplis de leurs blessés.

Bordeaux, le 23 décembre 1870.

Le rapport militaire sur la journée du 21, sous Paris, dit que les opérations commencées ont été interrompues par la nuit.

A l'Est, nous avons occupé Neuilly-sur-Marne, Ville-Évrard, Maison-Blanche, et éteint sur tous les points le feu de l'ennemi, après un combat d'artillerie très-vif.

Au Nord-Est, l'amiral de La Roncière, avec des troupes de Saint-Denis, a attaqué le Bourget, mais n'a pu s'y maintenir, est revenu avec une centaine de prisonniers. Le général Ducrot a fait alors une violente attaque contre les batteries de Pont-Iblon et Blanc-Mesnil.

A l'Ouest, le général Noël a fait une démonstration sur Montretout et Buzenval; la garde mobilisée a pris part à l'action avec grande ardeur.

Le soir, le général Ducrot occupait la ferme de Groslais, et le général Trochu passait la nuit avec les troupes, sur le lieu de l'action.

Les troupes de l'amiral La Roncière ont fait des pertes assez sérieuses; les autres corps ont peu souffert.

Hier, à Lyon, le ministre de l'intérieur et de la guerre a assisté, avec le préfet du Rhône, à l'enterrement du commandant Arnaud, que toute la population suivait; il a été partout acclamé, surtout à la Croix-Rousse.

Il se confirme que le crime n'est imputable à aucun parti politique.

L'instruction se poursuit activement, et plusieurs arrestations ont été faites.

———

Bordeaux, le 26 décembre 1870, 7 h. 45 m.

Les Prussiens, au nombre de sept mille hommes, ont attaqué, le 24, une colonne de la garnison du Havre; après deux heures de combat, ils ont perdu environ deux cents hommes et un canon. De notre côté, une centaine d'hommes hors de combat.

L'ennemi a évacué Bourg-Héroulde et Elbeuf. Rien d'important du côté de la Loire. Mézières est complétement investi depuis hier.

Cette après-midi, la remise des drapeaux à la garde nationale de Bordeaux, qui a défilé aux cris enthousiastes et mille fois répétés de : Vive la République !

Bordeaux, le 27 décembre 1870, 5 h.

Sur la rive gauche de la Loire, une petite colonne ennemie a attaqué, hier, Argent, à deux reprises et a été repoussée par les populations des communes environnantes.

Avant hier, francs-tireurs Lipowski ont enlevé un courrier allant de Châteauneuf-en-Thimerais à Nogent-le-Roi et fait quelques prisonniers. En Normandie, les Prussiens ont fait sauter le pont du chemin de fer sur la route de Bolbec à Fécamp.

Bordeaux, le 28 décembre 1870, 12 h. 45.

Des dépêches de cette nuit annoncent l'évacuation précipitée de Dijon par les Prussiens à l'approche de nos troupes. Quelques cavaliers ennemis ont paru à Pont-du-Navoy, où ils ont fait quelques réquisitions et sont repartis.

De nouveaux renseignements sur le combat de Pont-Noyelles permettent d'affirmer de nouveau que cette journée a été un succès marqué pour l'armée du Nord. Nos troupes ont fait quelques prisonniers et pris des blessés; elles n'ont laissé sur le terrrin ni un homme, ni un canon, et elles ont ramassé le lendemain les fusils des tués.

Bordeaux, le 28 décembre 1870, 2 h. 55.

Nouvelles de Paris par ballon *Tourville*, tombé à Eymoutiers avec toutes ses dépêches.

Depuis le 21, le froid excessif a entravé les opérations et empêché les travaux de terrassement.

Des mesures prises pour sauvegarder la santé des troupes n'impliquent en aucune façon abandon des opérations commencées.

Le gouvernement et le peuple de Paris sont plus que jamais décidés à continuer la défense, au prix de tous les sacrifices jusqu'à la victoire définitive.

Le 26, la garde nationale mobilisée a délogé un bataillon saxon du parc de la Maison-Blanche.

Le ministre de l'intérieur et de la guerre est arrivé à Bordeaux.

Bordeaux, le 29 décembre 1870, 5 h. 25.

L'ennemi, après Dijon, a évacué Gray, continuant avec précipitation son mouvement de retraite sur Vesoul.

Le 27, une colonne mobile, détachée de l'armée du général Chanzy, a eu un engagement assez vif avec l'ennemi, vers Montoire ; l'ennemi, poursuivi cinq kilomètres au delà de cette ville, s'est retiré sur Château-Renault, laissant une centaine de prisonniers, des caissons, des équipages.

2 officiers tués, plusieurs blessés.

Les francs-tireurs ont mis en déroute le même jour quelques éclaireurs ennemis entre Pont-Gouin et la Loupe.

Bordeaux, le 30 décembre 1870, 12 h. 50.

Nouvelles de Paris par ballon *le Bayard*, tombé près La Roche, le 29. Prussiens ont dirigé attaque furieuse contre forts Nogent, Rosny et le plateau d'Avron; ils ont démasqué des batteries de siége et tenté le bombardement.

Les Prussiens ont été repoussés avec pertes considérables.

L'état moral de Paris est excellent. L'ennemi vient d'évacuer Auxerre, emmenant son préfet et ses malades, même mourants.

Bordeaux, le 31 décembre 1870, 3 h.

Un officier adresse à la guerre le télégramme suivant :

J'ai voyagé hier avec Ducoux, ancien préfet de police, ancien représentant du peuple, sorti de Paris hier en ballon.

Les attaques des Prussiens à Avron ont été glorieusement repoussées ; carnage Prussiens, 7 à 8,000 tués; le même soir, les mobiles donnaient un concert au profit des pauvres.

Paris est énergique, régénéré, antique. Si quelqu'un osait y parler de capitulation, il serait fusillé sur place.

Paris peut tenir largement jusqu'à fin février.

Du Nord, le général Faidherbe télégraphie qu'il a recommencé ses opérations, et qu'il a parcouru le pays autour d'Arras sans rencontrer de troupes ennemies.

Circulaire

Bordeaux, le 1er janvier 1871, 11 h. 30 soir.

Aujourd'hui, 1er janvier, a eu lieu à Bordeaux une importante manifestation. La population avait voulu prou-

ver son dévouement au Gouvernement de la République;
plus de cinquante mille personnes se sont réunies autour
de la Préfecture, où est descendu M. le ministre de l'intérieur et de la guerre; deux adresses y ont été présen-
tées aux membres de la délégation du Gouvernement.

M. Gambetta a prononcé du balcon de la Préfecture
une allocution, dont on a recueilli les passages suivants :

« Mes chers concitoyens,

« A la vue de ce magnifique spectacle, en face de tous
ces citoyens assemblés pour saluer l'aurore d'une année
nouvelle, qui n'aurait confiance dans le succès, dû à la
persévérance et à la ténacité de nos efforts? succès mérité pour deux raisons :

« La première, parce que la France n'a pas douté
d'elle-même; la seconde, parce que, seule dans l'univers
entier, la France représente aujourd'hui la justice et le
droit. (Acclamations prolongées.)

« Oui, qu'elle soit à jamais close, qu'elle soit à jamais
effacée de votre mémoire, si faire se peut, cette horrible
année 1870, qui, si elle nous a fait assister à la chute du
plus imposteur et du plus corrupteur des pouvoirs, nous
a livrés à l'insolente fortune de l'étranger.

« Il ne faut pas l'oublier, citoyens, cette fortune contre
laquelle nous nous débattons aujourd'hui, elle est l'œuvre même des intrigues de Bonaparte. Au dehors, à chacun sa responsabilité devant l'histoire ; c'est dans cette
ville, c'est ici même, que l'homme de Sedan et de décembre, l'homme qui a tenté de gangrener la France,
prononça cette imposture : *l'Empire c'est la paix*, et tout
ce règne subi (il faut le reconnaître pour notre propre
expiation, car nous sommes coupables de l'avoir si longtemps toléré, et, rien dans l'histoire, n'arrive de juste
ou d'injuste qui ne porte ses fruits), ce règne de vingt
ans, c'est parce que nous l'avons subi qu'il nous faut su-

bir aujourd'hui l'invasion étrangère jusque sous les murs de notre glorieuse capitale, et c'est parce qu'on avait altéré systématiquement dans le pays toutes les sources de la force et de la grandeur, c'est parce que nous avions perdu le ressort, sans lequel rien ne peut durer dans ce monde (l'idée du devoir et de la vertu), qu'on a pu croire un moment, que la France allait disparaître. (Applaudissements prolongés.) C'est à ce moment que, la République apparaissant pour la troisième fois dans notre histoire, a assumé le devoir, l'honneur et le péril de sauver la France. (Cris enthousiastes de vive la République.)

« Ce jour, c'était le 4 septembre, l'ennemi s'avançait à grandes journées sur Paris ; nos arsenaux étaient vides, notre armée à moitié prisonnière, nos ressources de tous côtés disséminées, éparpillées. Deux pouvoirs : un pouvoir passé captif, un pouvoir fuyard, une chambre que sa servilité rendait incapable de saisir le gouvernail. Oh ! ce jour-là, nul ne contestait la légitimité de la République ; ce fut plus tard, lorsque la République eut mis Paris dans cet état d'inviolabilité sacrée (bravos), lorsqu'il fut établi que la République avait tenu sa promesse du 4 septembre : sauver l'honneur du pays, organiser la défense et maintenir l'ordre, lorsqu'il fut démontré, grâce à la République, que la France ne saurait périr, qu'elle ne doit triompher que par elle, le droit doit finir par primer la force ; ce fut alors que ses adversaires, dont elle assure aujourd'hui la quiétude et la sécurité, commencèrent à en contester la légitimité et à discuter ses origines. (Acclamations prolongées. Vive la République !)

« La République liée, associée comme elle l'est à la défense et au salut de la patrie, la République est hors de question (elle est immortelle) ; ne confondez pas d'ailleurs la République avec les hommes de son gouverne-

ment, que le hasard des événements a portés passagère-
ment au pouvoir; ces hommes, quand ils auront rempli
leur tâche, qui est d'expulser l'étranger, ils descendront
du pouvoir et ils se soumettront au jugement de leurs
concitoyens; cette tâche, cette mission qu'il faut conduire jusqu'au bout, qu'il faut accomplir à tout prix,
jusqu'à l'entière immolation de soi-même, ce succès
qu'il faut atteindre, sous peine de périr déshonoré, im-
plique deux conditions essentielles : la première garantie
est le respect de la liberté de tous, de la liberté complète,
de la liberté jusqu'au dénigrement, jusqu'à la calomnie,
jusqu'à l'injure; la seconde, le respect par tous amis et
dissidents, du droit et de la puissance gouvernementale.

« Le langage doit être libre, comme la pensée, res-
pecté dans tous ses écarts, jusqu'à cette limite fatale, où
il deviendrait une résolution, et engendrerait des actes,
si on franchissait cette borne. J'exprime ici l'opinion de
tous les membres du gouvernement; vous pouvez compter sur une énergique répression. (Applaudissements
prolongés.)

« Je ne veux pas terminer sans vous dire que le gouvernement ayant pour unique base l'opinion, nous n'expri-
mons, nous ne servons et n'entendons servir que l'opinion,
à l'encontre des gouvernements despotiques qui nous ont
précédés et n'ont servi que leur convoitise dynastique.
Je remercie la patriotique population de Bordeaux, ainsi
que la population accourue des villes et des campagnes
voisines, du concours éclatant qu'elles apportent au gouvernement républicain dans l'importante manifestation
de ce premier jour de l'année 1871 ; je les remercie surtout au nom de nos chers assiégés, au nom de notre héroïque Paris, dont l'exemple nous soutient, nous guide
et nous enflamme.

« Ah! que ne sont-ils témoins, nos chefs assiégés, de
toutes les sympathies, de tous les dévouements que sus-

cite leur vaillance ; leur joie dans le succès s'en accroî-
trait encore, si toutefois elle peut s'accroître.

« Nous leur transmettrons nos vœux, citoyens ; puis-
sions-nous bientôt, nous frayant un passage à travers les
lignes ennemies, les leur porter de vive voix, avec l'expression de l'admiration du monde et de la profonde et
impérissable gratitude de la France. (Vive la République!) »

Une vive émotion s'empare de tout cet immense audi-
toire. Acclamations prolongées ; les cris redoublent :
Vive la France! Vive Paris ! Vive Gambetta! Vive la
République!

Bordeaux, le 1er janvier 1871, 3 h.

Nouvelles de Paris, ballon *Armée de la Loire*. Bombardement de Noisy, Rosny, par projectiles; pertes
presque nulles de notre côté. Le plateau d'Avron,
n'ayant pas de casemates pour garnison a été évacué la
nuit, sous la direction du général Trochu, pour ménager
nos troupes. Paris, inébranlable, accepte avec joie la
lutte à outrance.

En Normandie, nos troupes ont repris les hauteurs de
la Bouille, Orival et du château de Robert-le-Diable;
cette dernière position, reprise un instant hier par l'ennemi, lui a été enlevée de nouveau.

Bordeaux, le 2 janvier 1871, 5 h. 25 soir.

Hier, une reconnaissance a rencontré entre Château-
Renault et Vendôme un peloton de hussards ennemis et
deux compagnies d'infanterie; l'ennemi a subi des pertes
terribles, et a été poursuivi jusqu'à petite distance de
Vendôme.

La journée du 31, dans la Seine-Inférieure, a coûté à l'ennemi près de 300 tués ou blessés, criblés du Château-de-Robert, par des francs-tireurs et des mobiles de l'Ardèche.

De notre côté, 25 tués et 60 ou 80 blessés.

Dans l'Est, quelques engagements ont eu lieu près de Gray et sur la ligne de Baume à l'Isle-sur-Doubs; des deux côtés, l'ennemi a été repoussé.

———

Bordeaux, le 3 janvier 1871, 4 h. soir.

Quelques engagements ont eu lieu dans la région du Loir.

Le 31 décembre, une reconnaissance a poursuivi, de la Bazoche-Gouet à Courtalain, un détachement prussien, qui a laissé 65 morts sur le terrain.

Le 1er, pendant que les avant-postes ennemis étaient repoussés à Longpré et Saint-Amand, les cavaliers algériens avaient un brillant engagement en avant de Lavardin.

Le 2, un parti ennemi a été surpris à Lance; nous a laissé 15 prisonniers, un convoi fourrages et bestiaux, a eu 10 hommes hors de combat, et s'est enfui vers Vendôme.

A Huisseau, nos tirailleurs, sans éprouver de pertes, ont fait du mal à l'ennemi. Des francs-tireurs lyonnais ont été attaqués à Chanceaux, route de Dijon. A Baigneux, ils ont mis l'ennemi en déroute et l'ont poursuivi à 10 kilomètres, lui tuant 80 ou 100 hommes et 7 chevaux. De notre côté, 3 morts, 6 blessés, 2 prisonniers.

On signale de Lille, le bruit de la capitulation de Mézières, après bombardement.

———

Bordeaux, le 4 janvier 1871, 1 h. 30 soir.

Le général Faidherbe écrit d'Avesnes-les-Bapaume :

Aujourd'hui, 3 janvier, bataille sous Bapaume, de 8 heures du matin à 6 heures du soir.

Nous avons chassé les Prussiens de toutes les positions et de tous les villages.

Ils ont fait des pertes énormes, et nous des pertes sérieuses.

Bordeaux, le 5 janvier 1871, 10 h.

Le Gouvernement a reçu du général Faidherbe des détails qui donnent au succès de Bapaume une sérieuse importance.

Le 1er janvier, l'armée du Nord a quitté les lignes de la Scarpe, pour se cantonner devant Arras.

Le 2, elle s'est mise en marche sur Bapaume, a enlevé Achiet-le-Grand et Bihucourt. Une valeureuse attaque de Béhagnies échoua, mais l'ennemi se voyant tourné par Achiet, évacua Béhagnies dans la nuit.

Le 3 au matin, action a repris sur toute la ligne.

Nous avons enlevé successivement Sapignies, Favreuil, Biefvillers, Avesne-les-Bapaume, Grevillers et Ligny-Tilloy.

A six heures du soir, les Prussiens étaient repoussés de tout le champ de bataille, couvert de leurs morts. De nombreux blessés et prisonniers restaient entre nos mains. Hier, les troupes qui opéraient dans la Boucle-de-Seine ont été débusquées de la forêt de la Londe, par des forces ennemies très-supérieures, et, malgré une vive résistance, ont dû évacuer le Château-de-Robert et Bourg-theroulde.

On transmet de l'Orne une dépêche arrivée par ballon monté, annonçant que le bombardement des forts de l'Est continue sans causer de pertes sérieuses d'hommes, ni de dégats matériels.

L'esprit de Paris s'exalte, loin de s'affaiser.

Bordeaux, le 6 janvier 1871, 6 h. 30 soir.

Aucune nouvelle militaire importante; quelques attaques sans gravité, dirigées par l'ennemi sur avant-postes du général Chanzy, et vigoureusement repoussées.

A Bonny, sur la Loire, une trentaine d'éclaireurs ennemis, cernés et faits prisonniers sans combat, par francs-tireurs.

Bordeaux, le 7 janvier 1871, 3 h. 10 soir.

Hier, l'ennemi a attaqué nos positions à Villechauve, Villeporcher et Saint-Cyr-Dugault, et d'abord forcé la ligne jusqu'à Neuville.

Nos troupes ont repris l'offensive, réoccupé toutes leurs positions, et sont entrées à la nuit dans Saint-Amand.

L'ennemi s'est retiré vers Vendôme, laissant de nombreux blessés et prisonniers, et paraît avoir beaucoup souffert.

Sur la ligne du Mans, l'ennemi a réoccupé la position de la Fourche et menace de nouveau Nogent-le-Rotrou.

Près du Havre, une reconnaissance ennemie a paru à Gainneville, a lancé quelques obus sur le village, et a été repoussée par des mobilisés de la Seine-Inférieure.

Les Prussiens ont levé le siége de Langres, ils sont revenus à Auxerre, hier, vers midi

Bordeaux, le 8 janvier 1871, 3 h. 25 soir.

D'après rapports sur la journée du 6, le général Jouffroy a dû abandonner quelques positions sur le Loir, pendant que le général de Curten repoussait l'ennemi.

Hier, de grandes forces ont attaqué nos avant-postes dans les environs de Vendôme. Il y a eu, vers Villeporcher, une petite rencontre où nous avons fait des prisonniers ; quelques mobiles de l'Isère ont manqué à l'appel.

Des excursions de cavaleries ennemies sont signalées dans l'Eure.

———

Bordeaux, le 9 janvier 1871, 4 h. 5.

Hier, quelques cavaliers ont paru à Mortagne.

Nos avant-postes ont été attaqués sur la route de Bellême. On annonce que vers deux heures l'ennemi, après avoir fait un feu violent d'artillerie, s'est retiré, poursuivi près de deux heures par nos mobilisés, laissant 18 prisonniers.

Le 7, Garibaldiens attaqués près de Semur à Chévigny, Millery, ont poussé l'ennemi sur route de Montbard, avec quelques pertes.

———

Bordeaux, le 9 janvier 1871, 11 h. 20 soir.

Les troupes de Château-Renault ont été, hier, très-violemment attaquées sur la ligne de Saint-Cyr-Dugault à Authon. Toutes nos positions ont été conservées, à l'exception du village d'Authon.

Un engagement paraît avoir eu lieu en même temps sur la ligne de Bretagne près de Theil ; les détails manquent sur ces deux combats.

Nous recevons de l'armée de l'Est les nouvelles suivantes, nous les donnons telles qu'elles nous parviennent à l'instant même :

Rougemont, 9 janvier, 7 h. 40, soir.

La bataille finit à 7 heures. La nuit seule nous empêche d'estimer l'importance de notre victoire. Le général en chef couche au centre du champ de bataille et toutes les positions, assignées à l'armée pour ce soir par l'ordre du général de marche d'hier, sont occupées par elle. Villersexel, clef de la position a été enlevé aux cris de : Vive la France ! Vive la République !

A demain les résultats.

BOMBARDEMENT DE PARIS

Protestation du Gouvernement de la Défense nationale

Nous dénonçons aux cabinets européens, à l'opinion publique du monde, le traitement que l'armée prussienne ne craint pas d'infliger à la ville de Paris.

Voici bientôt quatre mois qu'elle investit cette grande capitale, et tient captifs ses deux millions quatre cent mille habitants.

Elle s'était flattée de les réduire en quelques jours, elle comptait sur la sédition et la défaillance, ces auxiliaires faisant défaut, elle a appelé la famine à son aide ayant surpris l'assiégée privée d'armes et de secours et même de gardes nationales organisées, elle a pu l'entourer à son aise de travaux formidables, hérissés de batteries qui lancent la mort à 8 kilomètres.

Retranchée derrière ces remparts, l'armée prussienne a repris l'offensive de la garnison, puis elle a commencé

2

à bombarder quelques-uns de nos forts. Paris est resté ferme. Alors, sans avertissement préalable, l'armée prussienne a dirigé contre la ville les projectiles énormes dont ses redoutables engins lui permettent de l'accabler à deux lieues de distance.

Depuis quatre jours cette violence est en cours d'exécution. La nuit dernière plus de deux mille bombes ont accablé les quartiers de Montrouge, de Grenelle, d'Auteuil, de Passy, de Saint-Jacques et de Saint-Germain. Il semble qu'elles aient été dirigées à plaisir sur les hôpitaux, les ambulances, les prisons, les écoles et les églises. Des enfants ont été broyés dans leurs lits; au Val-de-Grâce un malade a été tué sur le coup. Plusieurs autres ont été blessés. Ces victimes inoffensives sont nombreuses, et nul moyen ne leur a été donné de se garantir contre cette agression inattendue.

Les lois de la morale la condamnent hautement. Elles qualifient justement de crime la mort donnée hors des nécessités cruelles de la guerre. Or ces nécessités n'ont jamais excusé le bombardement des édifices privés, le massacre des citoyens paisibles, la destruction de retraites hospitalières. La souffrance et la faiblesse ont toujours trouvé grâce devant la force, et quand elles ne l'ont pas désarmée, elles l'ont déshonorée.

Les règles militaires sont conformes à ces grands principes d'humanité : « il est d'usage, dit l'auteur le plus accrédité en pareille matière, que l'assiégeant annonce toujours, lorsque cela lui est possible, son intention de bombarder la place afin que les non combattants, et spécialement les femmes et les enfants puissent s'éloigner et pourvoir à leur sûreté. Il peut cependant être nécessaire de surprendre l'ennemi afin d'enlever rapidement la position et, dans ce cas, la non dénonciation du bombardement ne constituera pas une violation des lois de la guerre.

Le commentateur de ce texte ajoute : « Cet usage se rattache aux lois de la guerre qui est une lutte entre deux états et non entre des particuliers. User d'autant de renseignements que possible envers ces derniers, tel est le caractère distinctif de la guerre civilisée; aussi pour protéger les grands centres de population contre les dangers de la guerre on les déclare le plus souvent villes ouvertes. Même, s'il s'agit de places fortes, l'humanité exige que les habitants soient prévenus du moment de l'ouverture du feu toutes les fois que les opérations militaires le permettent. Ici le doute n'est pas possible. Le bombardement infligé à Paris n'est pas le préliminaire d'une action militaire. Il est une dévastation froidement méditée, systématiquement accomplie, et n'ayant d'autre but que de jeter l'épouvante dans la population civile au moyen de l'incendie et du meurtre.

C'est à la Prusse qu'était réservée cette inqualifiable entreprise contre la capitale qui lui a tant de fois ouvert ses murs hospitaliers.

Le Gouvernement de la défense nationale proteste hautement en face du monde civilisé contre cet acte d'inutile barbarie, et s'associe de cœur aux sentiments de la population indignée qui, loin de se laisser abattre par cette violence, y puise une nouvelle force pour combattre et repousser la honte de l'invasion étrangère.

Signé : GÉNÉRAL TROCHU, — EMMANUEL ARAGO, —JULES FERRY, —ERNEST PICARD, —GARNIER-PAGÈS, — JULES SIMON, — EUGÈNE PELLETAN.

Paris, 9 janvier 1871.

———

Les membres de la délégation du Gouvernement de la défense nationale établie à Bordeaux, déclarent s'assccier à la protestation solennelle contre le bombardement de Paris qui a été signée par leurs collègues.

A. Crémieux,— L. Gambetta,— L. Fourrichon, — Glais-Bizoin.

Volontaires de l'Ouest

Ordre du jour adressé par le colonel de Charette à ses zouaves :

« Officiers, sous-officiers et soldats,

« Séparé de vous depuis un mois, je remercie la Providence qui me donne l'indicible joie de me retrouver parmi vous.

» Plusieurs de nos camarades sont morts.

» Honneur à ceux qui sont tombés pour la défense de la patrie et ont enregistré une gloire de plus dans les annales du régiment.

» Je tiens à remercier M. le commandant d'Albiousse de la manière brillante avec laquelle il vous a conduits pendant mon absence. Je le remercie surtout de son ordre du jour, où il a su si bien exprimer les sentiments de dévouement, d'abnégation et de patriotisme qui sont au cœur de chacun de nous.

» Soldats, de nouveaux périls, de nouvelles gloires nous attendent. Restons à la hauteur de notre mission. Marchons à l'ennemi, forts de notre passé, fiers du présent et confiants dans la protection de ceux que nous avons perdus.

« Que notre cri de ralliement soit toujours : « Dieu et « la France ! »

« Poitiers, le 9 janvier 1871. »

RAPPORT MILITAIRE

Paris, 10 janvier, soir.

(Extrait de l'*Officiel* du 11 janvier au matin.)

La nuit dernière, deux opérations ont été faites contre les avant-postes prussiens.

La première, au nord, avait pour but de reconnaître les forces de l'ennemi sur les positions occupées le long du chemin de fer de Strasbourg et de détruire les maisons qui abritaient les troupes.

Le colonel Comte, avec les francs-tireurs Poulizac, trente cavaliers de la République, les francs-tireurs de la division Faron, et la compagnie de volontaires du capitaine de Luxez, quittant nos lignes à onze heures du soir, tournaient silencieusement la position par la droite et par la gauche. Assailli par une vive fusillade à 150 mètres, le colonel Comte fit charger à la baïonnette l'ennemi, qui lâcha pied devant cette vigoureuse attaque. Les maisons furent immédiatement minées, et quelques Prussiens, qui refusaient de se rendre et continuaient à tirer sur nous du toit de l'une des maisons, sautèrent avec elles. La colonne rentra dans nos lignes, l'opération terminée, ramenant deux prisonniers, un grand nombre de casques, de fusils, de couvertures et d'objets de campement. Nous n'avons eu que sept blessés, dont un seul grièvement.

La seconde opération, au sud, avait pour but la destruction des ouvrages entrepris par l'ennemi au Moulin-de-Pierre, en avant du fort d'Issy.

Le colonel Porion, avec un détachement de marins, 150 gardes nationaux mobilisés, des détachements de gardiens de la paix, de mobiles du 5e bataillon de la Somme, du 5e bataillon de la Seine et une compagnie du génie, quittant nos lignes à trois heures du matin, abordait la position sans tirer un coup de fusil et surprenait les postes prussiens chargés de défendre les travailleurs. Le capitaine Saint-Vincent et ses sapeurs s'occupèrent immédiatement de détruire les travaux existants, pendant que les marins, poussant en avant, découvraient une batterie en construction, mais peu avancée.

Les postes ennemis de Clamart ouvrirent un feu nourri sur nos marins que les troupes de soutien vinrent appuyer. Les travaux de destruction n'en ont pas moins continué, et la colonne du colonel Porion, l'opération terminée, rentrait dans nos lignes avant le jour, ramenant 21 prisonniers. Nous n'avons eu qu'un homme tué et trois blessés, dont un officier, le capitaine Picou, des gardiens de la paix.

Dans l'une et l'autre opération, les troupes se sont parfaitement comportées.

Dans la presqu'île de Gennevilliers, les Prussiens ont renouvelé des tentatives de conversation avec nos troupes. Ils ont été reçus, comme ils auraient toujours dû l'être, par des coups de fusil.

Le bombardement des forts de Vanves et Montrouge continue aujourd'hui avec moins de vivacité que d'habitude, mais l'ennemi a concentré ses efforts sur le fort d'Issy, qui a été canonné violemment.

Les 6e, 7e, 8e et 9e secteurs ont reçu également un assez grand nombre d'obus. Partout nos batteries ripostent avec une égale vivacité.

Signé : Général Schmitz.

RAPPORT MILITAIRE

11 janvier, soir.

Pendant la nuit, l'ennemi a continué à bombarder Paris. Comme les jours précédents, nous n'avons eu que peu de blessés. Quant aux dégâts matériels, ils sont presque insignifiants. Aucun incendie ne s'est déclaré.

Dans la journée, le feu a repris avec une violence extrême contre les forts du sud, principalement contre le fort d'Issy, qui paraît être le principal objectif des batteries prussiennes. Des dispositifs considérables d'artillerie sont en voie d'exécution pour combattre efficacement les nouvelles batteries démasquées par l'ennemi.

Du côté des Hautes-Bruyères, du Moulin-Saquet et de Créteil, canonnade peu importante et sans résultat.

Le gouverneur de Paris.

P. O. *Le général en chef d'état-major général,*

SCHMITZ.

Bordeaux, le 11 janvier 1871, 12 h.

Le ballon (*Gambetta*), parti d'hier soir de Paris, tombé dans la Nièvre près de Clamecy, nous apporte les trois dépêches suivantes :

Au gouvernement de Bordeaux.

Le rapport militaire du 9 au soir dit : Plusieurs engagements ont eu lieu hier vers Malmaison. Ce matin, l'ennemi a redoublé pour la quatrième fois sa tentative contre Maison-Crochard du poste Carrières, à la gauche de Rueil; mobiles de la Loire-Inférieure ont repoussé l'ennemi en lui faisant éprouver des pertes sérieuses. Les abords du Panthéon et le 9e secteur ont reçu cette nuit beaucoup d'obus, dont plus de trente du plus gros calibre.

L'hospice de la Pitié a été atteint; une femme y a été tuée ; les malades d'une salle ont dû être évacués dans une cave.

Le Val-de-Grâce a été également bombardé; l'ennemi semble prendre pour objectif les établissements hospitaliers de Paris, montrant une fois de plus, par ces procédés odieux, son mépris des lois de la guerre et de l'humanité.

Pendant la nuit et vers le point du jour les Prussiens ont tiré à toute volée sur la ville. Le bombardement continue sur les forts du sud.

Il s'est fait aujourd'hui avec moins de violence que les jours précédents. Des renseignements exacts évaluent à 2,000 le nombre des obus tombés cette nuit dans l'intérieur de Paris. Quelques femmes et des enfants ont été tués ou blessés. Les nouvelles apportées hier par un pigeon ont produit un effet immense; la population est animée plus que jamais du sentiment et de la résolution d'une résistance opiniâtre.

Commissaire délégué à Steenackers, directeur général

des télégraphes.

Paris, 1 h. matin.

Enfin la neige disparue; un de vos pigeons nous est arrivé le 8 janvier au soir, apportant les dépêches officielles de la 2e série nos 35, 36, 37, 38, et les dépêches privées et microscopiques de la page 1 à 63 de la 2e série, et de 1 bis à 14 bis. Nous sommes heureux des bonnes et nombreuses nouvelles apportées par votre messager. A l'heure qu'il est, nous déchiffrons encore. Les Prussiens pressés bombardent Issy, Vanves et un peu Montrouge. Les obus tombent sur le Panthéon, l'Odéon, Saint-Sulpice et dans la rue Babylone.

La population est admirable; aucun effroi. Les nouvelles apportées par votre pigeon et connues par les journaux redoublent tous les courages.

Vive la République !

Léveillé, chef de cabinet, administration télégraphique, à Steenackers, directeur général.

Paris, 10 janvier.

Bombardement affaibli, sauf pendant la nuit; obus nombreux sur le quartier Saint-Jacques. Population raffermie par heureuses nouvelles de la province et plus de 30,000 dépêches privées arrivées par votre pigeon, supporte l'épreuve sans broncher. Le *Gambetta* vous porte les remercîments.

Vive Paris ! Vive la France ! Vive la République !

Bordeaux, le 11 janvier 1871, 3 h. 30 soir.

Les armées de Frédéric-Charles et de Mecklembourg ont redoublé d'efforts, hier, dans leurs attaques contre l'armée du général Chanzy. Pressées de tous côtés, nos colonnes ont dû se retirer sur les positions définitives qui leur avaient été assignées à l'avance. L'action a été des plus vives à Montfort, à Champagnes, à Parigne-l'Évêque, à Jupilles, à Changé. Sur ce dernier point, la brigade Ribel, après une vive résistance de plus de six heures, a dû abandonner le village à l'ennemi. Nous avons fait des pertes sérieuses, mais l'ennemi a plus souffert que nous, de l'aveu des prisonniers faits sur plusieurs points.

Le général Bourbaki a télégraphié cette nuit :

« La nuit dernière a été passée à expulser l'ennemi de

celles des maisons Villersexel, dont il nous disputait encore la possession.

« Ce matin, les derniers ennemis évacuaient cette ville ou se constituaient prisonniers. Tous ceux qui m'ont été amenés jusqu'à présent sont de nationalité prussienne. A plus tard les détails circonstanciés sur l'enlèvement des positions que j'avais prescrit d'occuper. »

Nous recevons à l'instant des nouvelles de Paris par ballon (*Keller*), tombé à Laval ce matin, à onze heures.

Paris, mardi, onze heures soir, rapport militaire dit :

« Reconnaissances faites sur avant-postes prussiens avoisinant railway Strasbourg ; nos troupes, assaillies par fusillades, chargèrent à la baïonnette ennemi, qui s'enfuit.

« Maisons occupées par Prussiens continuant de tirer, refusant de se rendre, furent minées. Prussiens sautèrent avec maisons, avons eu 7 blessés.

« Autre reconnaissance faite simultanément vers Clamart pour détruire travaux ennemis.

« A Moulins-de-Pierre, opération complétement réussie.

« Nos troupes, qui ont ramené quelques prisonniers, ont eu 1 mort et 3 blessés. Bombardement continue, aujourd'hui moins violent, contre forts Vanves, Montrouge, mais plus violent contre fort d'Issy. Les 6e 8e et 9e secteurs ont reçu quelques obus ; nos batteries ripostent vigoureusement. »

Journal officiel dit :

« Pendant nuits dimanche et mardi obus prussiens ont atteint plusieurs hôpitaux, ambulances, écoles, musées, église Saint-Sulpice, Sorbonne, Val-de-Grâce, nombreuses maisons particulières. Renseignements particuliers : On entend ce soir violente canonnade ; on assure Prussiens envoyer obus à toute volée sur quartiers rive gauche. »

Général Chanzy à guerre

Le Mans, 11 janvier 1871, 11 h. 30, soir.

Nous avons eu aujourd'hui la bataille du Mans. L'ennemi nous a attaqués sur toute la ligne. Le général Jauré-Guiberry s'est solidement maintenu sur la rive droite de l'Huisnes; le général de Colomb s'est battu pendant six heures avec acharnement sur le plateau d'Anvours; le général Gougeard, qui a eu son cheval percé de six balles, a montré la plus grande vigueur, et les troupes de Bretagne ont puissamment contribué à conserver cette position importante. J'ai annoncé au général Gougeard qu'il était commandeur.

Au-dessous de Changé et sur la route de Parigné-l'Évêque, nous nous sommes maintenus malgré les efforts de l'ennemi. Nous couchons sur toutes nos positions, moins la Tuilerie, abandonnée devant un retour offensif tenté à la tombée de la nuit par l'ennemi.

Nous avons fait des prisonniers dont j'ignore le nombre. Ils évaluent les forces prussiennes engagées ou en réserve à 180,000 hommes.

Le combat n'a cessé qu'après la nuit venue. Je sais que deux de nos colonels sont grièvement blessés; je crois à des pertes sensibles, mais j'espère en avoir infligé de cruelles à l'ennemi.

Bordeaux, le 12 janvier 1871, 3 h. 30, soir.

Hier, un nouveau combat a eu lieu presque sous les murs du Mans. L'ennemi nous a attaqués sur toute la ligne. Le général Jauré-Guiberry s'est solidement maintenu sur la ligne droite de l'Huisnes; le général de Colomb s'est battu six heures avec acharnement sur le plateau d'Anvours; le général Gougeard a eu son cheval percé de six balles.

Nos positions au-dessous de Changé et sur route de Parigné ont été maintenues ; toutes positions ont été maintenues, excepté la Tuilerie enlevée à la nuit par retour offensif de l'ennemi.

Nous avons fait des prisonniers. Ils évaluent l'ensemble des forces allemandes engagées ou en réserve à 180,000 hommes.

Les pertes, de part et d'autre mal connues encore, sont sérieuses ; de notre côté : deux colonels grièvement blessés.

———

Bordeaux, le 12 janvier, à 6 h. 25.

Nous vous communiquons deux dépêches du général Chanzy, parvenues dans la journée :

Général Chanzy à Guerre

Le Mans, 12 janvier 1871, 9 h. 40, matin.

Nos positions étaient bonnes hier au soir sauf à la Tuilerie, où des mobilisés de la Bretagne ont, en se débandant, entraîné l'abandon des positions occupées sur rive gauche de l'Huisnes. Le vice-amiral Jauré-Guiberry et les autres généraux croient que la retraite est commandée par les circonstances, je m'y résigne mais le cœur me saigne.

Général Chanzy à Guerre

Le Mans, 12 h. 45, soir.

Nous avons commencé notre mouvement de retraite que j'organise de manière à occuper avec mes divers corps la ligne d........ les y reconstituer, et reprendre mes opérations.

Général Faidherbe au Ministre de la Guerre

Achiet, 12 janvier 1871.

A mon arrivée à Bapaume, j'apprends avec stupéfaction que Péronne est aux mains des Prussiens. Cependant j'avais été informé de la manière la plus certaine que le 3 janvier, par suite de la bataille de Bapaume, le siége avait été levé et l'artillerie assiégeante retirée de devant la place. Depuis, des renseignements journaliers m'annonçaient que le bombardement n'avait pas recommencé.

J'ai décidé que le commandant de place de Péronne serait traduit devant un conseil de guerre pour rendre compte de la reddition de cette place, lorsque ses défenses étaient intactes et qu'une armée de secours était à cinq ou six lieues, manœuvrant pour la dégager.

Général Bourbaki à guerre.

Onans, 13 janvier 1871, 3 h. soir.

Les villages d'Arcey et de Sainte-Marie viennent d'être enlevés avec beaucoup d'entrain et sans que nous ayons éprouvé de pertes trop considérables, eu égard aux résultats obtenus. Je gagne encore du terrain ; je suis très-content de mes commandants de corps d'armée et de nos troupes.

En manœuvrant, j'ai fait évacuer Dijon, Gray et Vesoul, dont il a été pris possession dès hier par un éclaireur, enfin Lure.

Les journées de Villersexel et d'Arcey font grande-

3

ment honneur à la première armée, qui n'a cessé d'o-
pérer depuis six semaines par un temps des plus rudes,
en marchant constamment malgré le froid, la neige et le
verglas.

Général Chanzy au ministre de la guerre.

13 janvier 1871, soir.

Je suis reconnaissant au gouvernement de la confiance
qu'il me témoigne ; je la justifierai. L'armée sera instal-
lée dès demain dans une ligne de défense; elle s'y re-
constituera.

Le 21e corps, après avoir combattu hier toute la journée contre trois divisions du grand-duc de Mecklembourg,
a pu opérer sa retraite en très-bon ordre et passer la
Sarthe sur les ponts de Montbiran, la Guerche et Beau-
mont.

D'après les renseignements recueillis, l'ennemi aurait
beaucoup souffert dans les trois derniers jours. De notre
côté, nous avons eu des pertes sérieuses.

Bordeaux, le 13 janvier 1871, 5 h. 55 soir.

Aucun événement militaire important.

L'évacuation de Vesoul par l'ennemi est confirmée.

Le 11, une reconnaissance a enlevé les grand-gardes
ennemis à Béhagnies et Sapignies, tuant ou blessant une
trentaine d'hommes, ramenant 57 prisonniers et dix
chevaux.

Une autre est entrée sans perte à Bapaume. Quelques
Prussiens ont été pris ou tués.

RAPPORT MILITAIRE

Paris, le 13 janvier 1871.

Dans la boucle de la Marne, toujours même bombardement violent et persistant, sans plus d'effet que les jours précédents.

Le général commandant supérieur se loue beaucoup de la tenue sous le feu des troupes de la garde nationale chargées de la défense de nos positions de ce côté.

Toute la journée, l'ennemi a tiré lentement sur les villages de Nogent et de Plaisance. Le bombardement de la ville a été incessant et il est devenu très-fort de dix heures à minuit, principalement sur le 8e secteur.

Les forts du sud ont été canonnés moins vigoureusement. Les Prussiens ont fait pendant la nuit plusieurs tentatives sur divers points des tranchées qui relient les forts entre eux ; ils ont été partout repoussés. Plusieurs de leurs blessés ont été recueillis par nous.

Depuis dix-sept jours l'ennemi a brûlé une quantité de munitions sans arriver à aucun résultat sérieux. Nos pertes ont été relativement faibles, les incendies arrêtés dès le début, les dégâts matériels réparés autant que possible.

Chaque jour le général est heureux de pouvoir donner un éclatant témoignage au dévouement absolu que les officiers et les soldats de la garde nationale ont montré dans les rudes combats et constantes épreuves. La fermeté de la population est admirable.

Le gouverneur de Paris,

Par ordre : le chef d'état-major,

Général SCHMITZ.

Le rapport militaire du 14 au matin dit :

« Une attaque fut dirigée le 13 contre le Moulin-de-Pierre ; mais en présence d'une vive fusillade elle ne se prolongea pas. Nos troupes sont rentrées dans leurs lignes. L'ennemi tenta de son côté une attaque contre Drancy ; mais, après une fusillade, il fut repoussé. L'amiral Pothuau exécuta une reconnaissance contre la Gare aux Bœufs. Plus tard, les Prussiens prirent l'offensive, mais ils furent repoussés, laissant un officier prisonnier. »

Le rapport du 14 au soir dit :

« Aujourd'hui, le bombardement contre les forts du sud s'est ralenti. Le bombardement a atteint surtout le Panthéon. Des précautions sont prises contre une attaque nocturne. »

PROTESTATION

DES MEMBRES DU CORPS DIPLOMATIQUE PRÉSENTS A PARIS
CONTRE LE BOMBARDEMENT

A. S. E. M. le comte de Bismarck Schœnhausen, chancelier de la Confédération de l'Allemagne du Nord, à Versailles.

Monsieur le comte,

Depuis plusieurs jours, des obus en grand nombre, partant des localités occupées par les troupes belligérantes ont pénétré jusque dans l'intérieur de Paris. Des femmes, des enfants, des malades ont été frappés. Parmi les victimes, plusieurs appartiennent aux États neutres. La vie et la propriété des personnes de toute nationalité

établies à Paris se trouvent continuellement mises en
péril.

Ces faits sont survenus sans que les soussignés, dont
la plupart n'ont en ce moment d'autre mission à Paris
que de veiller à la sécurité et aux intérêts de leurs nationaux, aient été, par une dénonciation préalable, mis
en mesure de prémunir ceux-ci contre les dangers dont
ils sont menacés, et auxquels des motifs de force ma-
jeure, notamment les difficultés opposées à leur départ
par les belligérants, les ont empêchés de se soustraire.

En présence d'événements d'un caractère aussi grave,
les membres du corps diplomatique présents à Paris,
auxquels se sont joints, en l'absence de leurs ambas-
sades et légations respectives, les membres soussignés
du corps consulaire, ont jugé nécessaire, dans le sentiment de leur responsabilité envers leurs gouvernements,
et pénétrés des devoirs qui leur incombent avec leurs nationaux, de se concerter sur les résolutions à prendre.

Ces délibérations ont amené les soussignés à la résolution unanime : de demander que, conformément aux
principes et aux usages reconnus du droit des gens, des
mesures soient prises pour permettre à leurs nationaux
de se mettre à l'abri, eux et leurs propriétés.

En exprimant avec confiance l'espoir que Votre Excel-
lence voudra bien intervenir auprès des autorités militaires dans le sens de leur demande, les soussignés sai-
sissent cette occasion pour vous prier d'agréer, monsieur
le comte, les assurances de leur très-haute considération.

Paris, le 13 janvier 1871.

Signé : Kern, ministre de la Confédération suisse;
Adeslsward, ministre de Suède et de Norwége;
comte de Moltke-Hvitlant, ministre de Dane-
mark; baron Beyens, ministre de Belgique; baron de Zuylen de Nyvelt, ministre des Pays-Bas;

Vashburne, ministre of the United-States ; Ballivian ey Roxas, ministre de la Bolivie ; duc d'Aquaviva, chargé d'affaires de Saint-Marin et de Monaco ; H. Enriquo Luiz Ratton, chargé d'affaires de S. M. l'empereur du Brésil ; Julio Thirion, chargé d'affaires, par intérim, de la République dominicaine ; Husny, attaché militaire et chargé d'affaires de Turquie ; Lopez de Arosemena, chargé d'affaires du Honduras et du Salvador ; C. Bonifaz, chargé d'affaires du Pérou ; baron G. de Rothschild, consul général d'Autriche-Hongrie ; baron Th. Voelkersahm, consul général de Russie ; José M. Calvo y Fernel, consul d'Espagne ; L. Cerruti, consul général d'Italie ; J. Praenza Vieira, consul général du Portugal ; Georges A. Viozos, vice-consul général de Grèce.

Rapport du général Ducrot au gouverneur de Paris

Quartier général aux Lilas, le 14 janvier 1871.

Monsieur le Gouverneur,

Hier soir, vers dix heures, une reconnaissance prussienne s'est avancée pour inquiéter les travaux qui sont actuellement en voie d'exécution près de la suiferie sur la route de Flandre.

Prévenu par les sentinelles de l'approche de l'ennemi, l'officier du génie qui dirigeait les travailleurs leur fit abandonner momentanément leur ouvrage, pour les conduire dans les tranchées creusées en arrière. L'ennemi profita de ce moment pour diriger une vive fusillade sur ces hommes, presque à découvert ; heureusement aucun d'eux ne fut atteint.

Les troupes de ligne et de la garde nationale, qui garnissaient à droite et à gauche les tranchées, ripostèrent immédiatement, et le feu devint bientôt d'une extrême vivacité.

Les Prussiens, qui pensaient nous surprendre, durent se replier, protégés d'une part par des pièces de campagne amenées derrière le chemin de fer de Soissons, et les pièces de siége situées du côté de Dugny, et dont les obus étaient dirigés contre nos tranchées, la barricade de la rue de Flandre et la suiferie; d'autre part, par un feu de mousqueterie très-violent provenant des troupes qui occupaient le Bourget.

Malgré la vivacité du feu, le tir de l'ennemi a été peu efficace; nous avons eu quatre blessés et un officier légèrement contusionné.

Cette première attaque ne dura guère qu'une demi-heure; mais, à deux reprises différentes, entre onze heures et onze heures et demie, l'ennemi, craignant probablement une attaque de notre côté, recommença la fusillade, mais chaque fois seulement pendant quelques minutes. A minuit, tout était terminé.

Le feu d'Aubervilliers et celui de la batterie de la Croix-de-Flandre, sur le Bourget, ont puissamment contribué à arrêter la marche de l'ennemi; plusieurs maisons fortement crénelées et occupées par les Prussiens ont été détruites.

Les troupes qui occupaient les tranchées ont fait preuve d'une grande solidité; je cite, entre autres, un bataillon du 119e de ligne, une compagnie du 42e et le 213e bataillon mobilisé de la Seine.

Signé : Ducrot.

---

15 janvier, matin.

Depuis ce matin, la canonnade est extrêmement violente sur toutes les positions du sud. Elle n'avait pas encore atteint ce degré d'intensité depuis le commencement du bombardement.

Les forts, l'enceinte et toutes les batteries extérieures répondent avec une égale vigueur et tiennent en échec certaines batteries de l'ennemi.

Cette nuit, le général Ducrot a fait une sortie et a rasé les maisons et les murs qui restaient encore au parc de Beauséjour. Quelques prisonniers sont restés entre nos mains.

Le gouverneur de Paris.

P. O. Le général chef d'état-major général,

SCHMITZ.

_____

Rapports militaires

Paris, 15 janvier 1871.

Il y a eu sur toute notre ligne du sud un combat d'artillerie des plus acharnés soutenu par les forts et les 6e, 7e et 8e secteurs. C'est par milliers qu'il faut compter les projectiles qui se sont entrecroisés sur ces positions.

Le gouverneur, qui s'était rendu au fort de Montrouge, est rentré à Paris en parcourant les bastions, depuis le n° 80 jusqu'au 68. Il a adressé de vives félicitations à tous les défenseurs, dont le courage et l'ardeur ne se démentent pas un seul instant. A la chute du jour, le feu a cessé. Chacun est à son poste de combat pour la nuit.

Le commandant de Mirandol écrit qu'il y a eu une affaire au pont de Champigny, dans laquelle cinq Prussiens, dont un officier, ont été tués, et dix blessés.

Dans l'opération de la nuit dernière, qui a été exécutée par les francs-tireurs, des troupes de ligne, des marins, des sapeurs du génie, des artilleurs, les mobiles du colonel Reille et les éclaireurs du commandant Poulizac, nous avons eu quelques hommes tués ou disparus dans les lignes ennemies par suite de la brume épaisse qui assombrissait encore la nuit. Le général Ducrot fait connaître qu'à part l'incident d'une des colonnes qui n'a pu se diriger convenablement, l'affaire a été bien et énergiquement menée. Les troupes ont fait preuve de sang-froid et de vigueur; partout où elles ont aperçu l'ennemi, elles n'ont pas hésité à l'attaquer à la baïonnette et lui ont fait éprouver des pertes.

Les prisonniers sont Prussiens; ils ont été dirigés sur la Santé, où le dépôt est maintenant établi.

Le gouverneur de Paris.

P. O. Le général chef d'état-major général,
SCHMITZ.

---

16 janvier 1871.

Pendant la journée, l'horizon étant beaucoup moins brumeux que précédemment, l'artillerie de l'enceinte a pu bien distinguer les batteries de l'ennemi, et les a contrebattues; elle a pu soulager avec une grande efficacité les forts de Montrouge, Vanves et Issy. Les batteries de Châtillon ont tiré contre nous beaucoup moins vigoureusement que d'habitude.

Le feu a été continu, mais lent, et sans aucun résultat sur le fort de Nogent.

Ce matin, vers huit heures, nos troupes ont repoussé une attaque faite sur la maison Millaud; le fort de Montrouge a pu tirer à bonne distance sur les hommes qui étaient sortis de Bagneux pour concourir à cette attaque.

Le général Ribourt fait connaître que c'est au lieutenant Laurent, des mobiles de l'Hérault, que revient l'honneur de l'affaire de Champigny, citée au rapport militaire d'hier.

La boucle de la Marne a été canonnée constamment sans en éprouver aucun dommage.

---

17 janvier, midi.

Le feu ennemi, qui s'était ralenti cette nuit, a repris ce matin avec une nouvelle violence. Ce matin, à huit heures, le fort de Vanves a ouvert le feu sur la batterie de la Plâtrière, qui n'a répondu que par quelques coups ; les batteries de Châtillon ont alors recommencé à tirer sans causer jusqu'à cette heure un dommage réel.

L'enceinte a repris son tir ce matin, et le combat d'artillerie se continue sur tous les points.

L'ennemi a tenté une attaque contre Bondy pendant la nuit ; il a été repoussé ; il avait massé des troupes en avant de Créteil ; mais la pluie ayant rendu la plaine impraticable, il n'y a pas eu d'attaque contre les tranchées.

Contre Montrouge, le feu n'a pas été très-vif cette nuit ; nous avons eu cependant un officier de marine tué, M. Saisset, fils du vice-amiral. Le gouverneur croit être l'interprète de la population et de l'armée en adressant ici à ce vaillant officier-général l'expression de toutes ses sympathies et de tous ses regrets.

Le gouverneur de Paris.

P. O. Le général chef d'état-major général,

SCHMITZ.

Le bombardement de la ville s'est étendu dans les quartiers de la rue Monge, Saint-Sulpice et de la rue de Varennes pendant la journée du 14.

Il a été beaucoup moins vif contre les forts du sud et les avancées.

Les mesures de surveillance les plus rigoureuses ont été ordonnées pour repousser toute attaque de l'ennemi pendant la nuit.

Paris, 14 janvier 1871.

Le gouverneur de Paris.

P. O. Le général chef d'état-major général,

SCHMITZ.

Général Le Pointe à Bordeaux.

Nevers, 15 janvier 1871.

Le mouvement annoncé par dépêche du 13 janvier a complétement réussi. Pour la troisième fois, je viens de déloger les Prussiens de Gien, qui est complétement évacué ; deux de nos bataillons y sont entrés, le reste y entrera demain ; toutes les colonnes ennemies sont en retraite sur Montargis et Orléans. Les Prussiens ont perdu beaucoup plus de monde que nous, plusieurs officiers prussiens ont été tués, entre autre le colonel Born Van der Hope.

Général Chanzy à guerre, Bordeaux.

15 janvier, minuit.

Les têtes de colonnes ennemies ont paru ce soir par les routes aboutissant sur nos positions. Il y a eu engagement entre les avant-gardes prussiennes et les éclaireurs algériens. On s'est battu ce soir avec une colonne assez forte. Je m'attends à être attaqué demain sur plusieurs points ; mes dispositions sont prises. Je vous envoie par ce télégramme copie d'un ordre à l'armée.

Ordre du jour du général Chanzy.

Après des combats heureux dans la vallée de l'Huisne, sur les deux rives du Loir et jusque sous Vendôme, après un succès, le 11, autour du Mans, en résistant sur toutes nos positions au principal effort des forces ennemies commandées par le prince Frédéric-Charles et par le duc de Mecklembourg, des défaillances honteuses, une panique inexplicable ont amené dans certaines parties l'abandon de positions importantes, compromettant ainsi la sûreté de tous. Un effort énergique n'a pas été tenté malgré des ordres immédiatement donnés, et il fallait abandonner Le Mans.

La France a les yeux sur la 2e armée. Il ne faut pas d'hésitation, la saison est rigoureuse, la fatigue est grande, les privations sont de tous les instants, mais notre pays souffre, et lorsqu'un effort suprême peut le sauver, nul n'hésitera.

Sachez bien d'ailleurs que, pour vous-mêmes, le salut est dans la résistance et non dans la retraite. L'ennemi va se présenter sur nos positions; il faut l'y recevoir vigoureusement et l'user.

Serrez-vous autour de vos chefs, et prouvez que vous êtes toujours les soldats de Coulmiers, de Villepion, de Josnes et de Vendôme.

Bordeaux, le 16 janvier 1871, 4 h. 20, soir.

Hier, l'armée du général Bourbaki s'est battue toute la journée. Elle a occupé Montbéliard, sans le château, Vijan-Vavey, Byans, Coissevaux, Couthenans et Chagey.

Une partie de l'armée du général Chanzy a été de nouveau attaquée hier de la manière la plus pressante.

Le 21e corps a bien tenu et même fait des prisonniers.

Le 16e corps a soutenu une lutte acharnée.

L'amiral Jauréguibéry a eu son cheval tué sous lui, et son chef d'état-major tué à ses côtés. Les autres troupes ont opposé moins de résistance.

Malgré le mauvais temps et le trouble apporté par les attaques, la retraite ordonnée continue sans abandon de matériel.

Nos troupes ont repris Gien avant-hier.

Général Bourbaki à guerre.

Bordeaux, 16 janvier 1871.

L'armée s'est battue toute la journée. Ce soir, nous occupons Montbéliard et différentes positions. Demain nous recommencerons au point du jour, et bien que nous ayons devant nous beaucoup plus de forces qu'on ne s'y attendait en hommes et surtout en puissante artillerie, j'espère demain pouvoir gagner encore du chemin et avancer.

Général Chanzy à guerre.

Les attaques de l'ennemi sur tous les points de ma ligne ont été très-pressantes; le 21e corps a bien résisté, s'est maintenu dans ses positions jusqu'à la nuit et a fait des prisonniers, dont un chef de bataillon. Il n'en a pas été de même au centre, qui a cédé.

Les convois et le matériel roulant sont retardés partout par la neige et surtout par un verglas affreux.

Les prisonniers et les gens venant du Mans affirment que les forces ennemies auxquelles nous avons affaire sont considérables.

Général Faidherbe à guerre.

Albert, 16 janvier 1871, 1 h. 10 soir.

L'armée du Nord, continuant sa marche, est allée le 14 de Bapaume à Albert, où elle est entrée sans coup férir, la première armée allemande se repliant devant elle. Nous continuons à faire journellement quelques prisonniers.

Général Bourbaki à guerre.

Aibre, 16 janvier 1871, 10 h. soir.

L'armée a combattu encore toute la journée. Nous nous sommes maintenus dans nos positions. Nous ne nous sommes avancés que d'un côté par l'occupation de Chénébier. Nous avons une brigade dans Montbéliard, Mais le château tient encore. Un instant, nous avons été maîtres de quelques maisons d'Héricourt; il n'a pas été possible de les conserver. Les forces de l'ennemi sont considérables et son artillerie formidable. Le terrain, par sa configuration et les obstacles de toute nature qu'il présente, facilite beaucoup la résistance qu'il nous oppose.

Général Chanzy à guerre.

La retraite a continué aujourd'hui dans d'assez bonnes conditions, malgré un temps épouvantable. L'ennemi n'a été pressant que sur un point. Nos reconnaissances ont même fait des prisonniers, parmi lesquels le comte de Moltke, officier au 6e dragons, 18e corps, parent du chef d'état-major général prussien.

Bordeaux, le 17 janvier 1871, 5 h. 15 m.

La retraite de l'armée du général Chanzy s'est continuée dans d'assez bonnes conditions, malgré le très-mauvais temps; l'ennemi n'a été pressant sur aucun point, nos reconnaissances ont même fait des prisonniers.

L'ennemi est entré hier matin à Alençon, où il avait eu la veille un engagement avec des francs-tireurs de Paris et des mobilisés.

L'armée du général Bourbaki s'est de nouveau battue toute la journée d'hier; elle a pris la position de Chénébier et sur tous les autres points elle a conservé ses positions; elle a occupé un instant quelques maisons d'Héricourt, mais n'a pas pu les conserver.

L'armée du Nord a avancé le 14 de Bapaume à Albert, où elle est entrée sans coup férir.

Le 1er corps prussien s'étant replié devant elle, chaque jour elle fait quelques prisonniers.

Le ballon *le Vaucanson*, tombé le 16, dans le Nord, confirme le peu d'effet matériel et moral du bombardement.

Général Bourbaki à guerre.

17 janvier 1871.

J'ai fait exécuter une attaque générale de l'armée ennemie, depuis Montbéliard jusqu'au pont Vaudois, en cherchant à faire franchir la Lisaine à Bétoncourt, Basserel, Héricourt, et à m'emparer de Saint-Valbert. J'ai essayé de faire opérer par mon aile gauche un mouvement tournant destiné à faciliter l'opération.

Les troupes qui en étaient chargées ont été elles-mêmes menacées et attaquées sur leur flanc.

Elles n'ont pu se maintenir sur leurs positions.

Nous avons eu devant nous un ennemi nombreux, pourvu d'une formidable artillerie. Des renforts lui ont été envoyés de tous côtés. Il a pu, grâce à ces conditions favorables, comme à la valeur de la position qu'il occupait, aux obstacles existant à notre arrivée ou créés par lui depuis, résister à tous nos efforts, mais il a subi des pertes sérieuses.

N'étant pas parvenu à réussir le 15 janvier, j'ai fait recommencer la lutte le 16 et le 17, c'est-à-dire pendant trois jours. Malheureusement, le renouvellement de nos tentatives n'a pas produit d'autres résultats, malgré la vigueur avec laquelle elles ont été conduites. L'ennemi, toutefois, a jugé prudent de se tenir sur une défensive constante. Le temps est aussi mauvais que possible; nos convois nous suivent difficilement. En dehors des pertes causées par le feu de l'ennemi, le froid, la neige et le bivouac, dans ces conditions exceptionnelles, ont causé de grandes souffrances.

Je reviendrai demain dans les positions que nous occupions avant la bataille, pour me ravitailler le plus facilement en vivres et en munitions. Je vous adresserai, le plus promptement possible, un rapport sur les combats de Villersexel et d'Arcy, et sur les faits qui se sont accomplis dans les trois journées de lutte de la première armée contre les positions d'hier. Je vous demanderai d'accorder des récompenses que vous jugerez bien méritées par la valeur et l'énergie de ceux que je vous proposerai.

Bordeaux, le 18 janvier 1871, 5 h.

L'armée du général Bourbaki a de nouveau exécuté hier une attaque générale; l'ennemi s'est tenu sur une défensive constante et a subi des pertes sérieuses; mais grâce aux renforts qu'il a reçus de tous côtés et à la valeur de la position qu'il occupait, il a pu résister à tous nos efforts, et sa ligne n'a pas été entamée.

La ville d'Avallou, bombardée lundi, a eu une vingtaine de maisons plus ou moins gravement atteintes, et a été abandonnée depuis par l'ennemi.

Bordeaux, le 19 janvier 1871, 7 h.

Le 17, une brigade de l'armée du Nord a délogé quelques bataillons prussiens du bois de Buire, près Lempleux; le même jour, un corps prussien a abandonné Vermand à l'approche de nos troupes.

Le 18, dès le matin, nos troupes ont été attaquées par une partie du corps du général Goetsin; une de nos divisions a combattu toute la journée, dans une position en avant de Vermand, où elle s'est maintenue.

Il y a eu hier des escarmouches près de Gien et près de Tours. — L'ennemi s'est montré à Montlouis.

Près de la Hutte, des francs-tireurs Lipowski ont eu un petit engagement, et ont tenu longtemps contre des troupes cinq ou six fois plus nombreuses.

Rapports militaires.

Gouverneur au ministre de la guerre et au général Schmitz.

Mont-Valérien, 19 janvier, 10 h. 10 m. matin.

Concentration très-difficile et laborieuse pendant une nuit obscure. Retard de deux heures de la colonne de droite. Sa tête arrive en ligne en ce moment. Maisons Béarn, Armengaud et Pozzo di Borgo, immédiatement occupées. Long et vif combat autour de la redoute de Montretout. Nous en sommes maîtres. La colonne Belle-

marc a occupé·la maison du Curé et pénétré par brèche
dans le parc de Buzenval. Elle tient le point 112, le plateau 155, le château et les hauteurs de Buzenval. Elle
va attaquer la maison Craon. La colonne de droite (général Ducrot) soutient contre les hauteurs de la Jonchère
un vif combat de mousqueterie. Tout va bien jusqu'à
présent.

Officier d'ordonnance au ministre de la guerre.

Mont-Valérien, 10 h. 32 m.

Montretout occupé par nous à dix heures. L'artillerie
reçoit l'ordre d'occuper le plateau à côté et de tirer sur
Garches. Bellemare, entré dans Buzenval, attaque maintenant vers la Bergerie. Fusillade très-vive, brouillard
intense ; observations très-difficiles. Je n'ai pas encore
entendu un coup de canon prussien.

Pour copie conforme :

Le ministre de l'intérieur par intérim,
Jules FAVRE.

---

*Gouverneur au ministre de la guerre et au général
Schmitz, au Louvre.*

Mont-Valérien, 10 h. 50 m. matin.

Un épais brouillard me dérobe absolument les phases
de la bataille. Les officiers porteurs d'ordres ont de la
peine à trouver les troupes. C'est très-regrettable et il
me devient difficile de centraliser l'action comme je
l'avais fait jusqu'ici. Nous combattons dans la nuit.

Pour copie conforme :

Le général, chef d'état-major général,
SCHMITZ.

DERNIÈRE DÉPÊCHE

*Amiral commandant 6ᵉ secteur à général **Le Fló**.*

A la tombée du jour, nos troupes, en vue du 6ᵉ secteur, occupent Montretout avec de l'artillerie, les hauteurs au-dessus de Garches et une partie à droite dans Saint-Cloud.

De fortes réserves sont au repos depuis midi sur les contre-forts de Garches et de la Fouilleuse, vers la Seine. Les derniers ordres du gouverneur, qui était au Mont-Valérien avec le général Vinoy, pour le tir de nos bastions, sont de tirer énergiquement sur le parc de Saint-Cloud et la vallée de Sèvres au-dessus de laquelle s'élève une fumée continue depuis deux heures.

9 h. 50 m. soir.

Notre journée, heureusement commencée, n'a pas eu l'issue que nous pouvions espérer.

L'ennemi, que nous avions surpris le matin par la soudaineté de l'entreprise, a, vers la fin du jour, fait converger sur nous des masses d'artillerie énormes avec ses réserves d'infanterie.

Vers trois heures, la gauche, très-vivement attaquée, a fléchi. J'ai dû, après avoir ordonné partout de tenir ferme, me porter à cette gauche, et, à l'entrée de la nuit, un retour offensif des nôtres a pu se prononcer.

Mais, la nuit venue, et le feu de l'ennemi continuant avec une violence extrême, nos colonnes ont dû se retirer des hauteurs qu'elles avaient gravies le matin.

Le meilleur esprit n'a cessé d'animer la garde nationale et la troupe, qui ont fait preuve de courage et d'énergie dans cette lutte longue et acharnée.

Je ne puis encore savoir quelles sont nos pertes. Par

des prisonniers, j'ai appris que celles de l'ennemi étaient
fort considérables.

Général Trochu.

---

*Commandant supérieur des gardes nationales à chef
d'état-major général.*

19 janvier, 8 h. 40 soir.

La nuit seule a pu mettre fin à la sanglante et hono-
rable bataille d'aujourd'hui. L'attitude de la garde nationale a été excellente. Elle honore Paris.

Général Clément Thomas.

---

6 heures du soir.

La bataille engagée en avant du Mont-Valérien dure
depuis ce matin. L'action s'étend depuis Montretout, à
gauche, jusqu'au ravin de la Celle-Saint-Cloud, à droite.

Trois corps d'armée, formant plus de cent mille
hommes et pourvus d'une puissante artillerie, sont aux
prises avec l'ennemi.

Le général Vinoy, à gauche, tient Montretout et se bat
à Garches, le général de Bellemare et le général Ducrot
ont attaqué le plateau de la Bergerie et se battent depuis
plusieurs heures au château de Buzenval.

Les troupes ont déployé la plus brillante bravoure et
la garde nationale mobilisée a montré autant de solidité
que de patriotique ardeur.

Le gouverneur, commandant en chef, n'a pu faire connaître encore les résultats définitifs de la journée.

Aussitôt que le gouvernement les aura reçus, il les
communiquera à la population de Paris.

Jules Favre.

Gouverneur à général Schmilz, au Louvre.

Mont-Valérien, le 20 janvier 1871, 9 h. 30 m. matin.

Le brouillard est épais. L'ennemi n'attaque pas. J'ai reporté en arrière la plupart des masses qui pouvaient être canonnées des hauteurs, quelques-unes dans leurs anciens cantonnements. Il faut à présent parlementer d'urgence à Sèvres pour un armistice de deux jours, qui permettra l'enlèvement des blessés et l'enterrement des morts.

Il faudra pour cela du temps, des efforts, des voitures très-solidement attelées et beaucoup de brancardiers. Ne perdez pas de temps pour agir dans ce sens.

Journée du 19 janvier

LE SIÉGE

RAPPORT MILITAIRE

Les rapports des commandants de colonne sur la journée d'hier ne sont pas encore tous parvenus au gouverneur; il croit cependant devoir donner, dès à présent, un aperçu général des opérations qui se sont accomplies le 19 janvier.

L'armée était partagée en trois colonnes principales, composées de troupes de ligne, de garde mobile et de garde nationale mobilisée, incorporée dans les brigades.

Celle de gauche, sous les ordres du général Vinoy, devait enlever la redoute de Montretout, les maisons de Béarn, Pozzo di Borgo, Armengaud et Zimmermann.

Celle du centre, général de Bellemare, avait pour objectif la partie est du plateau de la Bergerie.

Celle de droite, commandée par le général Ducrot, devait opérer sur la partie ouest du parc de Buzenval, en même temps qu'elle devait attaquer Longboyau, pour se porter sur le haras Lupin.

Toutes les voies de communication ayant accès dans la presqu'île de Gennevilliers, y compris les chemins de fer, ont été employées pour la concentration de ces forces considérables, et, comme l'attaque devait avoir lieu dès le matin, la droite, qui avait un chemin extrêmement long (12 kilomètres) à parcourir au milieu de la nuit, sur une voie ferrée qui se trouva obstruée, et sur une route qu'occupait une colonne d'artillerie égarée, ne put parvenir à son point de réunion qu'après l'attaque commencée à gauche et au centre.

Dès onze heures du matin, la redoute de Montretout et les maisons indiquées précédemment avaient été conquises sur l'ennemi, qui laissa entre nos mains 60 prisonniers.

Le général de Bellemare était parvenu sur la crête de la Bergerie, après s'être emparé de la maison dite du Curé; mais en attendant que sa droite fût appuyée, il dut employer une partie de sa réserve pour se maintenir sur les positions dont il s'était emparé.

Pendant ce temps, la colonne du général Ducrot entrait en ligne. Sa droite, établie à Ruel, fut canonnée de l'autre côté de la Seine par des batteries formidables contre-battues par l'artillerie qu'elle avait à sa disposition et par le Mont-Valérien.

L'action s'engagea vivement sur la porte de Longboyau, où elle rencontra une résistance acharnée, en arrière de murs et de maisons crénelés qui bordent le parc. Plusieurs fois de suite, le général Ducrot ramena à l'attaque les troupes de ligne et la garde nationale, sans pouvoir gagner du terrain de ce côté.

Vers quatre heures, un retour offensif de l'ennemi entre le centre et la gauche de nos positions, exécuté avec une violence extrême, fit reculer nos troupes, qui, cependant, se reportèrent en avant vers la fin de la journée. La crête fut encore une fois reconquise, mais la nuit arrivait, et l'impossibilité d'amener de l'artillerie, pour constituer un établissement solide sur des terrains déformés, arrêta nos efforts.

Dans cette situation, il devenait dangereux d'attendre, sur ces positions si chèrement acquises, une attaque de l'ennemi qui, amenant des forces de toutes parts, ne devait pas manquer de se produire dès le lendemain matin. Les troupes étaient harassées par douze heures de combat et par les marches des nuits précédentes, employées à dérober les mouvements de concentration : on se retira alors en arrière, dans les tranchées, entre les maisons Crochard et le Mont-Valérien.

Nos pertes sont sérieuses : mais, d'après le récit des prisonniers prussiens, l'ennemi en a subi de considérables. Il ne pouvait en être autrement après une lutte acharnée qui, commencée au point du jour, n'était pas encore terminée à la nuit close.

C'est la première fois qu'on a pu voir réunis sur un même champ de bataille, en rase campagne, des troupes de citoyens unis à des troupes de ligne, marchant contre un ennemi retranché dans des positions aussi difficiles ; la garde nationale de Paris partage avec l'armée l'honneur de les avoir abordées avec courage, au prix de sacrifices dont le pays leur sera profondément reconnaissant.

Si la bataille du 19 janvier n'a pas donné les résultats que Paris en pouvait attendre, elle est l'un des événements les plus considérables du siége, l'un de ceux qui témoignent le plus hautement de la virilité des défenseurs de la capitale.

Bordeaux, le 20 janvier 1871, 5 h. 15.

Hier, la première armée prussienne a livré autour de

Saint-Quentin, une bataille acharnée à l'armée du Nord. Nos troupes ont admirablement tenu et ont maintenu leurs lignes jusqu'à la nuit, mais le général en chef, à cause de la fatigue des hommes et pour éviter à la ville un bombardement inutile, a dirigé dans la nuit ses troupes dans les positions en arrière de Saint-Quentin. Nous avons fait des pertes sérieuses, mais celles de l'ennemi paraissent plus considérables.

Les dépêches des généraux Chanzy et Bourbaki ne signalent aucun incident notable.

Le ballon (*la Poste*), parti de Paris, le 18, à trois heures du matin, tombé en Hollande. — Rien de nouveau à Paris. — Le bombardement continue. Quelques dégâts matériels, mais peu de morts. — Moral excellent.

Proclamation du gouvernement aux habitants de Paris

20 janvier 1871.

Citoyens,

L'ennemi tue nos femmes et nos enfants; il nous bombarde jour et nuit; il couvre d'obus nos hôpitaux. Un cri : Aux armes! est sorti de toutes les poitrines.

Ceux d'entre nous qui peuvent donner leur vie sur le champ de bataille marcheront à l'ennemi; ceux qui restent, jaloux de se montrer dignes de l'héroïsme de leurs frères, accepteront au besoin les plus durs sacrifices comme un autre moyen de se dévouer pour la patrie.

Souffrir et mourir, s'il le faut, mais vaincre.

Vive la République!

Les membres du gouvernement,

Jules Favre, Jules Ferry, Jules Simon, Emmanuel Arago, Ernest Picard, Garnier Pagès, Eugène Pelletan.

Les ministres,

Général Le Flô, Dorian, Magnin.

Bordeaux, 21 janvier, 4 h. soir.

Aucune nouvelle militaire à signaler dans les dépêches de cette nuit et de ce matin.

Occupation de Tours par ennemi, confirmée.

Bordeaux, le 22 janvier 1871.

De nombreuses troupes ennemies, avec artillerie et cavalerie, ont tenté hier de prendre Dijon ; les garibaldiens ont repoussé cette attaque, après douze heures de combat.

La bataille s'est étendue de Val-Suzon à Fontaine-les-Dijon et Talant ; nos troupes ont maintenu leurs positions et en ont repris quelques-unes. Nous avons essuyé des pertes sensibles. mais très-inférieures à celles de l'ennemi. La bataille a recommencé aujourd'hui.

Hier, l'ennemi a attaqué à midi Bernay, et a été repoussé par la garde nationale.

Bordeaux, le 23 janvier 1871.

Le combat a continué, hier, sous Dijon ; il a été moins rude que la veille, mais décisif. Les fortes positions d'Aix, Plombières-les-Dijon et Aux-Tuiles ont été reprises à l'ennemi qui, vers quatre heures, s'est mis en déroute dans tous les sens. Garibaldi a été accueilli par les acclamations enthousiastes d'une foule immense portée à sa rencontre. Le général garibaldien Bosak-Hauké légèrement blessé.

On a, par ballon, nouvelles de Paris, jusqu'à jeudi soir. Le bombardement s'était ralenti. Les victimes étaient 86 morts, 215 blessés.

Le 19, Le Flô nommé gouverneur de Paris en l'absence de Trochu se mettant à la tête des troupes.

4

A dix heures, matin, Vinoy occupait Montretout. Bellemare, Buzenval. Ducrot soutenait vif combat vers la Jonchère.

Vers trois heures, l'ennemi ayant fait converger masse énorme d'artillerie, soutenue par réserve, a fait plier notre gauche. Le général en chef s'y est porté, et, vers le soir, un retour offensif a pu se prononcer; mais dans la nuit, le feu ennemi continuait avec violence extrême, nos troupes ont dû se retirer des hauteurs gravies dans la matinée.

Le meilleur esprit n'a cessé d'animer garde nationale et troupes, qui ont fait preuve de courage énergique dans cette lutte longue et acharnée.

Ordre du jour du général Garibaldi après la bataille de Dijon

Aux braves de l'armée des Vosges

Dijon, 23 janvier 1871.

Eh bien! vous les avez revus les talons des terribles soldats de Guillaume, jeunes fils de la Liberté!

Dans deux jours de combats acharnés, vous avez écrit une page glorieuse pour les annales de la République, et les opprimés de la grande famille humaine salueront en vous, encore une fois, les nobles champions du droit et de la justice.

Vous avez vaincu les troupes les plus aguerries du monde, et cependant vous n'avez pas exactement rempli les règles qui donnent l'avantage dans la bataille.

Les nouvelles armes de précisions exigent une tactique plus rigoureuse dans les lignes de tirailleurs; vous vous massez trop, vous ne profitez pas assez des accidents de terrain, et vous ne conservez pas le sang-froid indispensable en présence de l'ennemi, de manière que vous faites toujours peu de prisonniers, vous avez beaucoup de blessés, et l'ennemi, plus audacieux que vous, maintient, malgré votre bravoure, une supériorité qu'il ne devrait pas avoir.

La conduite des officiers envers les soldats laisse beaucoup à désirer ; à quelques exceptions près, les officiers ne s'occupent pas assez de l'instruction des miliciens, de leur propreté, de la bonne tenue de leurs armes, et enfin de leurs procédés envers les habitants qui sont bons pour nous et que nous devons considérer comme des frères.

Enfin, soyez diligents et affectueux entre vous, comme vous êtes braves ; acquérez l'amour des populations dont vous êtes les défenseurs et les soutiens, et bientôt nous secouerons, jusqu'à l'anéantir, le trône sanglant et vermoulu du despotisme ; et nous fonderons sur le sol hospitalier de notre belle France le pacte sacré de la fraternité des nations.

G. Garibaldi.

Ordre général à l'armée du Nord

Lille, 23 janvier 1871.

Soldats,

C'est un devoir impérieux de votre général de vous rendre justice devant vos concitoyens ; vous pouvez être fiers de vous-mêmes, car vous avez bien mérité de la patrie ! Ce que vous avez souffert, ceux qui ne l'ont pas vu ne pourront jamais l'imaginer, et il n'y a personne à accuser de ces souffrances, les circonstances seules les ont causées. En moins d'un mois, vous avez livré trois batailles à un ennemi dont l'Europe entière a peur. Vous lui avez tenu tête, vous l'avez vu reculer maintes fois devant vous. Vous avez prouvé qu'il n'est pas invincible et que la défaite de la France n'est qu'une surprise amenée par l'ineptie d'un gouvernement absolu. Les Prussiens ont trouvé dans les jeunes soldats à peine habillés et dans des gardes nationaux des adversaires capables de les vaincre. Qu'ils ramassent nos traînards et qu'ils s'en vantent dans leurs bulletins, peu importe. Ces fameux preneurs de canons n'ont pas encore touché à une de vos batteries. Honneur à vous ! Quelques jours de repos, et ceux qui ont juré la ruine de la France nous retrouveront debout devant eux.

Le général commandant en chef l'armée du Nord,

FAIDHERBE.

Bordeaux, le 24 janvier 1871.

Hier, Dijon a été de nouveau très-vivement attaqué par l'ennemi, après une feinte du côté Ouest sur Bargis et Sainte-Apollinaire, il a massé le gros de ses troupes au Nord sur la route de Langres et s'est emparé un instant de la ferme de Pouilly, d'où on l'a délogé en faisant brèche dans le mur et sous une fusillade effrayante.

La brigade Riccioti s'est hautement distinguée, a presque anéanti le 61e infanterie prussien, et lui a pris son drapeau.

L'ennemi a pris la fuite sur Messigny, Norges et Savigny-le-Sec ; tous les corps engagés ont fait leur devoir.

Une grande partie des mobilisés de la Haute-Savoie sont arrivés à temps pour prendre part au combat.

Dans l'Ouest aucun incident notable, l'ennemi paraît se replier.

Le département de la Mayenne est libre, Alençon est évacué. Dans l'Est la ligne de Lyon à Besançon a été coupée par des coureurs ennemis à Byans près Quincey.

Pas de nouvelles de Paris.

Bordeaux, le 25 janvier 1871, 5 h. soir.

Le 23, les habitants de Gesvres-Mayenne, se sont défendus énergiquement contre des forces ennemies supérieures et leur ont tué du monde.

Hier, quelques affaires peu importantes du côté de la Flèche. Dans l'Est, on mentionne rencontre près de Mouchard, sans détails.

Circulaire

A MM. les généraux commandant les corps d'armée, les camps, les divisions territoriales et actives et les subdivisions.

Bordeaux, le 25 janvier 1871.

Général, l'ensemble des observations que j'ai recueillies me démontre une chose : c'est que l'officier ne vit pas assez avec le soldat et ne s'occupe pas assez de lui.

Contrairement aux prescriptions de décrets et d'arrêtés récents, on voit les officiers logés en ville alors que les soldats sont au camp sous la tente. Pendant le jour, très-peu de contact entre eux ; leur existence est pour ainsi dire séparée : on dirait deux classes différentes. Il n'en doit pas être ainsi ; l'officier doit être l'ami et le tuteur de ses soldats.

Pour leur faire accepter l'autorité sévère dont la loi l'a investi, il doit leur montrer sa sollicitude constante pour leur bien-être et pour leur moral ; pour les aider à supporter les privations, il doit les supporter lui-même et leur donner l'exemple. Il ne suffit pas d'être à leur tête le jour du combat, c'est là un devoir familier à l'officier français ; mais il doit être constamment à côté d'eux, dans la vie obscure du camp, dans les labeurs de la marche ; en un mot, dans toutes ces situations variées où le soldat a besoin de se sentir soutenu et réconforté par la présence de ses chefs.

Je vous prie, général, d'être d'une sévérité inexorable à l'égard des officiers qui manqueraient à ce devoir sacré ; vous voudrez bien me les signaler, pour que je puisse, à mon tour, leur faire sentir les effets de mon mécontentement.

Enfin, général, il est indispensable que des revues fréquentes mettent les soldats et les chefs en présence dans des conditions d'un ordre plus relevé. Ces rapprochements sont, en outre, l'occasion d'allocutions, d'ordres du jour, qui permettent au général de communiquer avec l'ensemble de ses troupes et de porter à leur connaissance les faits de nature à exciter leur patriotisme.

C'est en vous adressant souvent à elles, en leur faisant entendre des paroles qui vont à leur cœur, que vous conquerrez graduellement sur vos troupes cet ascendant grâce auquel vous pourrez plus tard leur faire braver la mort et les privations.

J'attache un intérêt tout particulier à ce que vous fassiez observer les prescriptions de la présente circulaire, dont je vous prie de m'accuser réception.

Agréez, général, l'assurance de ma considération la plus distinguée.

Le ministre de l'intérieur et de la guerre,
Léon Gambetta.

Le général Clinchant a été nommé au commandement en chef de la première armée, en remplacement du général Bourbaki, qui l'avait désigné lui-même comme son successeur éventuel, et qui se trouve par suite d'un malheureux accident, hors d'état de continuer ses services actifs.

Ordre du jour du général Garibaldi

Aux braves de l'armée des Vosges

Dijon, 26 janvier.

La Pologne, la terre de l'héroïsme et du martyre, vient de perdre un de ses plus braves enfants, le général Bosak.

Ce chef de notre première brigade de l'armée des Vosges a voulu par lui-même s'assurer de l'approche de l'ennemi vers le Val-de-Suzon, dans la journée du 21 courant, et lancé avec une douzaine de ses officiers et militaires de ce côté, il a voulu, bravoure inouïe, arrêter une armée avec une poignée de braves.

Ce Léonidas des temps modernes, si bon, si aimé de tous, manquera à l'avenir de la démocratie universelle, dont il était un des plus ardents champions, et il manquera surtout à sa noble patrie!

Que la République adopte la veuve et les enfants de ce héros.

Il y a longtemps que le bruit des crimes horribles commis par les Prussiens, m'importunait, et je croyais toujours, en le désirant, qu'il y avait de l'exagération dans ces bruits.

Dans les trois combats de ces derniers jours, où la victoire a souri à nos armes, la réalité des abominables méfaits de nos ennemis s'est montrée dans toute sa brutale et féroce évidence.

Quelques-uns de nos blessés tombés dans leurs mains pendant la lutte ont eu leur crâne broyé à coups de crosses de fusils.

Nos chirurgiens restés, selon leur habitude, sur le champ de bataille pour soigner nos blessés et ceux de l'ennemi, ont été assassinés d'une façon horrible. Miliciens, hommes des ambulances et chirurgiens ont servi de cible à ces barbares et féroces soldats.

Un capitaine de nos francs-tireurs, trouvé blessé dans le château de Pouilly, a été lié aux pieds et aux mains et brûlé vif. Le cadavre de ce martyr a été trouvé presque entièrement dévoré par les flammes, excepté à l'endroit des ligatures.

Eh bien! noirs instruments de toutes les tyrannies, votre règne arrive, le règne des bûchers; votre période chérie, le moyen âge, reparaît; et votre héros de Sedan tombé, le sourire de Satan aux lèvres, vous tournez vos yeux de vipère vers le nouvel empereur souillé de sang et de carnage.

L'indignation des preux miliciens de la République est au comble, je ferai mon possible pour les empêcher d'user de représailles, mais j'espère que l'Europe et le monde entier sauront distinguer et apprécier la conduite loyale et généreuse des enfants de la République, et flétrir les féroces procédés des soldats d'un despote.

G. GARIBALDI.

Bordeaux, le 27 janvier, 6 h. s.

Nouvelles de Paris par ballon (Torricelli) tombé dans le Nord.

L'*Officiel* du 21 termine le rapport sur la bataille du 19, en disant que si elle n'a pas produit les résultats qu'on pouvait en attendre, elle est un des événements les plus considérables du siége, un de ceux qui témoignent le plus hautement de la virilité des défenseurs de la capitale.

Le gouvernement a décidé que le commandement en

chef de l'armée serait séparé de la présidence du gouvernement.

Le général Vinoy est nommé commandant en chef de l'armée de Paris.

Le titre et les fonctions de gouverneur sont supprimés.

Le général Trochu conserve la présidence du gouvernement. Le général Vinoy, dans un ordre du jour, fait appel au concours de tous les bons citoyens de la garde nationale et de l'armée. Dans la nuit du 21 au 22, quelques agitateurs ont forcé la prison de Mazas, ont délivré plusieurs prisonniers parmi lesquels Flourens.

Dans l'après-midi du 22, cent quatre-vingts gardes nationaux appartenant pour la plupart au 101e bataillon de marche, ont attaqué l'Hôtel-de-Ville, et ont été dispersés par mobiles et garde républicaine. Il y a eu cinq morts, dix-huit blessés.

Quarante émeutiers ont été faits prisonniers. A quatre heures, le calme était complétement rétabli.

Le 23, toute agitation avait disparu.

Depuis le 20, Saint-Denis était bombardé.

La délégation du gouvernement est informée par ses agents à l'étranger, que le *Times* publie sur la foi de ses correspondants, que des négociations auraient été entamées entre Paris et Versailles, au sujet du bombardement de Paris, et d'une prétendue reddition éventuelle de la capitale.

La délégation du gouvernement n'accorde aucun crédit à ces allégations du correspondant du *Times*, car il est impossible d'admettre que des négociations de cette nature, et de cette importance, aient été entamées, sans que la délégation en ait été avertie au préalable.

Les ballons arrivés jusqu'à présent n'ont fait prévoir rien de semblable.

Un ballon est signalé aujourd'hui près de Rochefort sans qu'on sache encore s'il a atterré.

Aussitôt que des nouvelles seront parvenues au gouvernement, il s'empressera de les faire connaître.

―――――――

Discours de M. Gambetta

A LILLE.

Janvier 1871.

Mes chers concitoyens,

Je puis vous appeler ainsi, car, en venant au milieu de vous, je me suis toujours considéré comme un compatriote ayant droit de bourgeoisie chez vous, qui me faites ici, par votre accueil, une seconde patrie.

Ces souvenirs que je trouve en entrant dans vos murs me rappellent combien votre cité a compté de généreux défenseurs de la liberté. Aussi, n'y suis-je pas entré sans émotion, émotion d'autant plus poignante que je savais que plusieurs enfants de Lille avaient cruellement souffert en faisant bravement leur devoir.

Mais cette émotion qui nous étreint du spectacle de la guerre, des maux qu'elle entraîne, ne doit pas passer du domaine du cœur et du sentiment dans celui de la volonté.

La guerre est horrible, et tous doivent la maudire, mais elle est dans la nécessité de la situation.

Nos adversaires sentent bien que si la République, qui a recueilli le funeste héritage délaissé par l'empire, parvient à triompher des difficultés qu'elle a dû subir, elle défiera toutes leurs calomnies et toutes leurs machinations. Ils ont compris qu'il fallait l'attaquer par la base et l'énerver dans ses efforts. Et ils ont imaginé cet argument facile autant que menteur de présenter le gouvernement comme poussant à la guerre pour se perpétuer au pouvoir; nous qui regardons la guerre comme fatale aux peuples, et à la liberté, pour laquelle nous avons toujours combattu!

Non, nous ne sommes pas insensibles aux malheurs de la patrie; autant que nos accusateurs, nous sentons ce qu'il y a d'effroyable à voir des générations destinées par la nature au travail et au progrès, vouées à la destruction et à la barbarie. Qui donc a plus que nous protesté contre la guerre et ses conséquences? Cette guerre que nous subissons, nous l'avons flétrie et stigmatisée comme une honte pour le pays et pour l'humanité. Nous avons fait vainement appel à cette assemblée qui voulait la paix et qui votait la guerre, et nous n'avons pu l'arrêter.

Cette guerre à jamais maudite qu'il nous faut subir jusqu'à la mort, elle nous est imposée, elle n'a pas été voulue par nous, et pourtant nous ne pouvons l'éviter. Nous faisons la guerre à ces barbares qui ont pénétré sur notre territoire, l'imposture à la bouche, ce qui ne peut nous étonner, puisque l'imposture tombait d'une bouche royale. Nous faisons la guerre à ceux qui nous ont dit qu'ils ne venaient pas combattre la France, mais l'empereur, et qui, la victoire obtenue, ont continué de ravager notre territoire.

N'était-ce donc pas véritablement à la France, et non pas seulement à Bonaparte, qu'ils avaient déclaré la guerre? Et s'il pouvait y avoir un doute, ne se sont-ils pas démasqués, ces éternels ennemis de la liberté et du droit, lorsque cet homme, qui est l'honneur de la France et du parti républicain, quand Jules Favre est allé à Ferrières porter, avec l'affirmation de la République française, des paroles de conciliation et de paix? Qu'a-t-on répondu à cette démarche aussi noble que loyale? S'est-on rappelé les promesses faites, autrement que pour les nier effrontément? Qu'a-t-on proposé à l'éminent patriote, sinon l'extermination de la patrie? Et pouvions-nous répondre, pour l'honneur de notre pays, autrement que par l'explosion d'une sainte colère, et en affirmant, au nom de la France, que nous péririons plutôt que de nous démentir?

Et maintenant, dites-le, qui a donc voulu la guerre?

On nous a reproché et l'on nous reproche de solidariser la cause de la République avec celle de la patrie; mais n'est-ce pas la République que nous nous exposons à sacrifier afin de sauver la France? Pour le pays tout entier, de quoi s'agit-il? d'être ou de ne pas être. Voilà la raison de la guerre.

La paix, ne l'oubliez pas, c'est la cession et la mutilation de la patrie. Avons-nous le droit de sacrifier trois millions de Français à cette avide Allemagne? N'aurions-nous pas honte d'abandonner ces milliers d'Alsaciens s'échappant de leur patrie pour protester contre cet abominable attentat d'une annexion repoussée par le vœu national, et venant se serrer autour de l'étendard de la nation française, au mépris des proscriptions et sans souci des persécutions et des fusillades du roi Guillaume?

Il n'appartient à personne, minorité, majorité, unanimité même, de céder la France; celui-là viole le droit de tous et de chacun qui croirait pouvoir céder une partie de notre pays, comme le maître cède une partie de son troupeau. La France est le bien commun de tous les Français, et chaque motte de terre que la France couvre de son drapeau m'appartient comme elle vous appartient, comme elle appartient à tous.

Le sentiment de solidarité et de nationalité nous impose donc notre politique; c'est celle de la résistance à outrance!

Mais cette politique il faut la juger. Si elle était folle et téméraire, si tout était perdu, même l'espérance la plus

lointaine, faudrait-il donc sacrifier l'humanité à un sentiment de fierté nationale nécessairement stérile ?

Comment! pendant vingt ans Bonaparte a préparé ses
moyens d'agression, organisé ses armées, dépensé vingt
milliards. La France a consenti à tout, elle a tout donné,
hommes et argent; quinze jours ont suffi, et tout a disparu. Et nous qui n'avions rien trouvé, qui n'avons eu
pour moyens que les ressources improvisées par l'initia-
tive du pays, nous résistons depuis quatre mois devant
un ennemi qui multiplie ses forces, mais qui sent bien
que, si la résistance continue à embraser l'âme de la
France, c'en est fait de l'invasion.

C'est qu'en effet les provinces allemandes sont vides;
tout ce qui pense, agit, travaille, les hommes mariés, les
adolescents même, tout se trouve sous les armes en Allemagne, le commerce est suspendu partout. En est-il de
même en France, la vie sociale est-elle éteinte? Elle est
entravée, mais non suspendue ni morte.

Soyez-en certains, si dans trois mois les Allemands
sont encore sur le sol français, ils sont perdus. Il faut
donc maintenir la résistance, car nous avons devant nous
la certitude d'un avenir vengeur et réparateur de nos dé-
sastres. Malgré nos revers passagers, ce qui grandit, c'est
le sentiment de la dignité française, c'est l'horreur de
l'asservissement étranger. Si chacun avait, comme moi,
cette conviction, cette passion profonde, ce n'est pas des
semaines et des mois qu'il faudrait compter pour l'anéan-
tissement des armées envahissantes, la ruine de la Prusse
serait immédiate, car que pourraient 800,000 hommes,
quelle que soit la puissance de leur organisation, contre
38 millions de Français résolus et ayant juré de vaincre
ou de périr!

Pas de faiblesse, ô mes chers concitoyens! Si nous ne
désespérons pas, nous sauverons la France. Faisons-nous

un cœur et un front d'airain, le pays sera sauvé par lui-même, et la République libératrice sera fondée.

Quand cet heureux jour viendra, quand vos efforts unis aux nôtres auront affranchi la France entière, on verra si nous sommes des hommes de guerre, si nous sommes des destructeurs, si nous dilapidons les finances, si nous ne cherchons pas au contraire à favoriser les arts qui ennoblissent l'humanité, l'industrie et le commerce, qui assurent ses relations et enrichissent les peuples, si nous ne tendons pas de tous nos efforts vers les bienfaits d'une paix loyale et féconde.

On verra alors si nous sommes des dictateurs, et si notre plus grande passion ne sera pas de rentrer dans la foule dont nous sommes sortis; de cette foule, réservoir inépuisable de toutes les nobles pensées, où chacun de nous doit se retremper. On verra enfin que si je suis possédé de la passion démocratique, qui ne souffre pas l'invasion étrangère, je suis profondément animé de la foi républicaine qui a horreur de la dictature.

———

La délégation du gouvernement, établie à Bordeaux, qui n'avait jusqu'ici, sur les négociations entamées à Versailles, que des renseignements fournis par la presse étrangère, a reçu cette nuit le télégramme suivant qu'elle porte à la connaissance du pays dans sa teneur intégrale :

Ministre des affaires étrangères à la délégation de Bordeaux.

Versailles, le 28 janvier 1871, 11 h. 35 soir.

Nous signons aujourd'hui un traité avec le comte de Bismarck.

Un armistice de vingt et un jours est convenu.

Une assemblée est convoquée à Bordeaux pour le 15 février.

Faites connaître cette nouvelle à toute la France.

Faites exécuter l'armistice et convoquer les électeurs pour le 8 février.

Un membre du gouvernement va partir pour Bordeaux.

Jules Favre.

Un décret qui sera ultérieurement publié fera connaître les mesures prises pour assurer l'exécution des dispositions ci-dessus.

Cour-Cheverny, 28 janvier, 10 h. 25 soir,

Le général Pourcet occupe ce soir le faubourg de Blois placé sur la rive gauche, après un combat dans lequel nous avons eu environ 15 morts et 50 blessés. Il a fait 52 prisonniers, dont un capitaine.

L'ennemi a brûlé le tablier en bois qui remplaçait l'arche sautée. Les mines qu'il avait préparées pour détruire deux piles se sont trouvées mouillées et sont restées sans effet.

Général Pourcet à guerre, Bordeaux.

Cour-Cheverny, 29 janvier 1871.
Blois (rive gauche), 28 janvier, 11 h. soir.

Nos colonnes en marche sur Blois ont trouvé évacués les villages qui avaient été attaqués hier par nos reconnaissances; mais, à quatre kilomètres de Blois, l'infanterie ennemie, placée derrière des embuscades et des maisons crénelées du faubourg de Vienne, a ouvert sur nos têtes de colonnes un feu très-vif.

La fusillade a continué pendant deux heures avec une

violence extrême ; à la nuit tombante, un dernier effort de nos soldats, qui se sont jetés résolûment en avant et ont traversé les faubourgs au pas de course sous le feu de l'ennemi, nous a rendus définitivement maîtres de la rive gauche.

Au même instant, le pont miné sautait en l'air, et d'énormes gerbes de feu brûlaient le tablier provisoire établi sur l'arche qui avait déjà été rompue.

L'ennemi s'est retiré en désordre sur la rive droite, mais son mouvement a été si précipité, qu'il a laissé entre nos mains une partie de ses morts, dont un capitaine de chasseurs hessois, et des blessés, parmi lesquels plusieurs officiers de divers corps.

Nous avons déjà fait une centaine de prisonniers, et l'on continue à fouiller les maisons, où l'on en trouve encore.

Un grand nombre d'armes et de munitions sont tombées entre nos mains.

Nous avons eu trois hommes tués ; le chiffre de nos blessés est de dix environ, parmi lesquels quelques officiers.

Circulaire

Bordeaux, le 30 janvier 1871, 1 h.

Vous ai mandé ce matin en vous envoyant la dépêche venue de Versailles, que je vous ferais connaître ma résolution personnelle, la voici :

J'ai décidé de maintenir le *statu quo* jusqu'à l'arrivée du personnage qui est annoncé de Paris. Cette arrivée est imminente, puisqu'il a pu partir de Paris dès la nuit dernière.

Aussitôt après l'entrevue et les explications que j'aurai

eues avec lui, vous serez avisés des déterminations politiques auxquelles je me serai arrêté.

En attendant, restez fermes et confiants.

LÉON GAMBETTA.

Bordeaux, le 30 janvier 1871, 1 h. 36 m.

Ministre de l'intérieur et de la guerre a fait passer ce matin à M. Jules Favre, à Versailles, une dépêche pour lui demander de sortir du silence gardé par le gouvernement de Paris et de faire connaître le nom du membre du gouvernement dont l'arrivée était annoncée ainsi que les motifs qui peuvent expliquer son retard.

Il a réclamé en même temps des détails précis sur la situation générale et sur le sort de Paris.

Circulaire

Bordeaux, le 31 janvier 1871, 12 h. 35 m.

Depuis la dépêche qui vous a été envoyée dans l'après-midi, et par laquelle on demandait à Versailles des renseignements prompts et précis sur la nature, l'étendue et la portée des arrangements conclus, aucune nouvelle officielle n'a été reçue. On ne sait rien de plus que ce matin, toutefois les avis de l'étranger portent qu'à Versailles on n'a rien engagé sur le fond même de la paix, l'occupation des forts de Paris par les Prussiens semble indiquer que la capitale a été rendue, en tant que place forte; l'armée et la garde mobile devront déposer leurs armes, la garde nationale sédentaire conserve les siennes.

La convention qui est intervenue porte exclusivement sur l'armistice, qui semble avoir surtout pour objet la formation et la convocation d'une assemblée.

La politique soutenue et pratiquée par le ministre de l'intérieur et de la guerre est toujours la même, guerre à outrance jusqu'à complet épuisement.

Employez donc toute votre énergie à maintenir le moral des populations.

Le temps de l'armistice va être mis à profit pour renforcer nos trois armées en hommes, en munitions, en vivres.

Les troupes seront astreintes à une discipline sévère, à laquelle il faudra donner tous vos soins; de concert avec les chefs militaires, elles devront être exercées tous les jours pendant de longues heures pour s'aguerrir.

Les conseils de révision devront continuer, et tout le travail d'organisation d'équipement, bien loin d'être interrompu, devra être poursuivi avec une extrême vigilance; il faut à tout prix que l'armistice nous profite, et nous pouvons faire qu'il en soit ainsi. Enfin, il n'est pas jusqu'aux élections qui ne puissent et doivent être mises à profit; ce qu'il faut à la France, c'est une assemblée qui veuille la guerre, et soit décidée à tout pour la faire.

Le membre du gouvernement qui est attendu arrivera sans doute demain matin; le ministre s'est fixé un délai qui expire demain trois heures.

Vous recevrez demain une proclamation aux citoyens avec l'ensemble des décrets et des mesures qui, dans sa pensée, doivent parer aux nécessités de la situation actuelle.

Donc patience, fermeté, courage, union et discipline,

VIVE LA RÉPUBLIQUE!!!

Bordeaux, le 31 janvier 1871,

Aucune réponse n'a encore été faite à la dépêche qui a été envoyée hier à Versailles à M. Jules Favre et dont communication vous a été faite.

La seule réponse reçue par la délégation est de M. de Bismarck.

Il en résulte que l'armistice conclu le 28, durera jusqu'au 19 février.

La ligne de démarcation séparant les deux armées part de Pont-l'Évêque, traverse le département de l'Orne, laisse à l'occupation allemande la Sarthe, l'Indre-et-Loire, le Loir-et-Cher, le Loiret, l'Yonne; traverse la Côte-d'Or, le Doubs et le Jura. Le Nord, le Pas-de-Calais et le Havre restent intacts. Les opérations dans la Côte-d'Or, le Doubs et le Jura et le siège de Belfort continuent jusqu'à une entente ultérieure.

Reddition de toutes les fortifications de Paris. L'armée de Paris prisonnière de guerre, moins une division conservée pour le service intérieur. La garde nationale reste armée. Les troupes allemandes n'entreront pas dans Paris pendant l'armistice. Paris ravitaillé, circulation libre pour les élections.

D'autre part, le général Chanzy a reçu, hier, du prince Frédéric-Charles, communication du texte de la convention de Versailles. L'article 1er dit que l'armistice commencera le jour même dans les départements, dans un délai de trois jours. Cet armistice s'applique aux forces navales, et les prises faites après le 28 janvier seront rendues. Il sera procédé à l'échange de tous les prisonniers de guerre faits depuis le commencement de la guerre par l'armée française. Paris paiera une contribution de deux cents millions.

De tout cela il résulte que rien n'a été stipulé sur les questions de paix ou de guerre qui demeurent réservées à l'Assemblée convoquée à Bordeaux; d'autre part, qu'entre l'armistice pur et simple annoncé par la dépêche de Versailles, et signé Jules Favre, et la convention communiquée par le prince Frédéric-Charles et analysée par M. de Bismarck, il existe une divergence grave en ce qui touche les opérations dans l'Est.

Comme la dépêche signée Jules Favre annonçait l'armistice sans indiquer de délai et sans dire s'il était général ou partiel, et enjoignait de le faire exécuter immédiatement, les ministres de la guerre et de la marine ont envoyé aussitôt des instructions et des ordres aux généraux en chef, chefs de corps, commandants de stations navales, pour faire respecter l'armistice, et l'exécution de ces ordres a commencé depuis quarante-huit heures.

Cependant les armées prussiennes, sans doute mieux instruites des termes de la convention, ont continué leurs mouvements et pris des positions malgré la résistance et les protestations de nos chefs de corps.

La délégation qui n'a, on le voit, reçu sur la convention de Versailles d'autre document officiel français que le télégramme signé Jules Favre, a le droit et le devoir de porter ces faits à la connaissance du pays, afin de faire porter sur qui de droit la responsabilité qui incombe à ceux qui n'ont pas fait connaître la convention dans toute sa teneur et ont entraîné des erreurs d'interprétation dont les conséquences, au point de vue de notre héroïque armée de l'Est, peuvent être irréparables pour la France.

Circulaire

Bordeaux, 1er février 1871, 10 h. matin.

Citoyens,

L'étranger vient d'infliger à la France la plus cruelle injure qu'il lui ait été donné d'essuyer dans cette guerre maudite, châtiment démesuré des erreurs et des faiblesses d'un grand peuple.

Paris, inexpugnable à la force, vaincu par la famine,

n'a pu tenir en respect plus longtemps les hórdes allemandes.

Le 28 janvier il a succombé. La cité reste encore
intacte, comme un dernier hommage arraché par sa
puissance et sa grandeur morale, à la barbarie. Ses forts
seuls ont été rendus à l'ennemi ; toutefois, Paris en tom-
bant nous laisse le prix de ses sacrifices héroïques. Pendant cinq mois de privations et de souffrances, il a
donné à la France le temps de se reconnaître, de faire
appel à ses enfants, de trouver des armes et de former
des armées, jeunes encore, mais vaillantes et résolues,
auxquelles il n'a manqué jusqu'à présent que la solidité,
qu'on n'acquiert qu'à la longue.

Grâce à Paris, si nous sommes des patriotes résolus,
nous tenons en mains tout ce qu'il faut pour le venger
et nous affranchir ; mais, comme si la mauvaise fortune
tenait à nous accabler, quelque chose de plus sinistre
et de plus douloureux que la chute de Paris nous
attendait ; on a signé à notre insu, sans nous avertir,
sans nous consulter, un armistice dont nous n'avons
connu que tardivement la coupable légèreté, qui livre
aux troupes prussiennes des départements occupés par
nos soldats, et qui nous impose l'obligation de rester
trois semaines au repos, pour réunir, dans les tristes
circonstances où se trouve le pays, une assemblée nationale.

Nous avons demandé des explications à Paris, et gardé
le silence, attendant pour vous parler l'arrivée promise
d'un membre du gouvernement, auquel nous étions dé-
terminés à remettre nos pouvoirs. Délégation du Gouvernement, nous avons voulu obéir, pour donner un gage
de modération et de bonne foi, pour remplir ce devoir
qui commande de ne quitter le poste qu'après en avoir
été relevé, enfin pour prouver à tous amis et dissidents
par l'exemple, que la démocratie n'est pas seulement le

plus grand des partis, mais le plus scrupuleux des gouvernements; cependant personne ne vient de Paris, et
il faut agir, il faut, coûte que coûte, déjouer les perfides
combinaisons des ennemis de la France. La Prusse
compte sur l'armistice pour amollir, énerver, dissoudre
nos armées. La Prusse espère qu'une assemblée réunie à
la suite de revers successifs, et sous l'effroyable chute de
Paris, sera nécessairement tremblante, et prompte à subir une paix honteuse.

Il dépend de nous que ces calculs avortent et que les
instruments mêmes qui ont été préparés pour tuer l'esprit de résistance, le raniment et l'exaltent. Faisons de
l'armistice une école d'instruction pour nos jeunes
troupes; employons ces trois semaines à préparer,
à pousser avec plus d'ardeur que jamais, l'organisation de la défense et de la guerre. A la place de la
chambre réactionnaire et lâche que rêve l'étranger, ins-
tallons une assemblée vraiment nationale, républicaine,
voulant la paix, si la paix assure l'honneur, le rang et
l'intégrité de notre pays, mais capable de vouloir aussi
la guerre, et prête à tout, plutôt que d'aider à l'assassi-
nat de la France.

Français, songeons à nos pères, qui nous ont légué
une France compacte et indivisible; ne trahissons pas
notre histoire, n'aliénons pas notre domaine tradition-
nel aux mains des barbares. Qui donc signerait?... Ce
n'est pas vous, légitimistes, qui vous battez si vaillamment sous le drapeau de la République, pour défendre
le sol du vieux royaume de France, ni vous, fils de bour-
geois de 1789, dont l'œuvre maîtresse a été de sceller
des vieilles provinces dans un pacte d'indissoluble union.
Ce n'est pas vous, travailleurs des villes, dont l'intelli-
gent et généreux patriotisme s'est toujours représenté
la France dans sa force et son unité, comme l'initiatrice
des peuples aux libertés modernes. Vous enfin, ouvriers,

propriétaires des campagnes, qui n'avez jamais mar-
chandé votre sang pour la défense de la révolution, à laquelle vous devez la propriété du sol et votre dignité de
citoyens.

Non, il ne se trouvera pas un Français pour signer
ce pacte infâme. L'étranger sera déçu; il faudra qu'il
renonce à mutiler la France, car, tous animés du même
amour pour la mère patrie, impassibles dans les revers, nous redeviendrons forts et nous chasserons l'é-
tranger.

Pour atteindre ce but sacré, il faut y dévouer nos
cœurs, nos volontés, notre vie, et, sacrifice plus difficile
peut-être, laisser là nos préférences. Il faut nous serrer
tous autour de la République, faire preuve surtout de
sang-froid et de fermeté d'âme. N'ayons ni passions, ni
faiblesses; jurons simplement comme des hommes libres,
de défendre envers et contre tous la France et la République.

Aux armes!!! Aux urnes!!!

VIVE LA FRANCE!!! VIVE LA RÉPUBLIQUE!!!

Proclamation du Gouvernement de Paris

Citoyens,

Nous venons dire à la France dans quelle situation et
après quels efforts Paris a succombé. L'investissement a
duré depuis le 16 septembre jusqu'au 26 janvier. Pendant tout ce temps, sauf quelques dépêches, nous avons
vécu isolés du reste du monde. La population virile tout
entière a pris les armes, les jours à l'exercice et les
nuits aux remparts et aux avant-postes. Le gaz nous a
manqué le premier, et la ville a été plongée le soir dans
l'obscurité, puis est venue la disette de bois et de char-

bon. Il a fallu, dès le mois d'octobre, suppléer à la viande de boucherie en mangeant des chevaux ; à partir du 15 décembre, nous n'avons pas eu d'autre ressource.

Pendant six semaines, les Parisiens n'ont mangé par jour que 30 grammes de viande de cheval ; depuis le 18 janvier, le pain, dans lequel le froment n'entre plus que pour un tiers, est tarifé à 300 grammes par jour ; ce qui fait, en tout, pour un homme valide, 330 grammes de nourriture. La mortalité, qui était de 1,500, a dépassé 5,000, sous l'influence de la variole persistante et de privations de toutes sortes. Toutes les fortunes ont été atteintes, toutes les familles ont eu leur deuil.

Le bombardement a duré un mois, et a foudroyé la ville de Saint-Denis et presque toute la partie de Paris située sur la rive gauche de la Seine.

Au moment ou la résistance a cessé, nous savions que nos armées étaient refoulées sur les frontières et hors d'état d'arriver à notre secours. L'armée de Paris, secondée par la garde nationale, qui s'est courageusement battue et a perdu un grand nombre d'hommes, a tenté, le 19 janvier, une entreprise que tout le monde qualifiait d'acte de désespoir. Cette tentative, qui avait pour but de percer les lignes de l'ennemi, a échoué, comme aurait échoué toute tentative de l'ennemi pour percer les nôtres.

Malgré l'ardeur de nos gardes nationaux, qui, ne consultant que leur courage, se déclaraient prêts à retourner au combat, il ne nous restait aucune chance de débloquer Paris ou de l'abandonner en jetant l'armée au dehors et la transformant en armée de secours. Tous les généraux déclaraient que cette entreprise ne pouvait être essayée sans folie ; que les ouvrages des Allemands, leur nombre, leur artillerie rendaient leurs lignes infranchissables ; que nous ne trouverions, au delà, si par impossible nous leur passions sur le corps, qu'un désert de trente lieues, que nous y péririons de faim, car il ne fallait pas penser à emporter des vivres, puisque déjà nous étions à bout de ressources.

Les divisionnaires furent consultés après les chefs d'armée, et répondirent comme eux. On appela, en présence des ministres et des maires de Paris, les colonels et les chefs de bataillon signalés pour les plus braves. Même réponse. On pouvait se faire tuer, mais on ne pouvait plus vaincre.

A ce moment, quand on avait perdu tout espoir de secours et toute chance de succès, il nous restait du pain assuré pour huit jours et de la viande de cheval pour quinze jours en abattant tous les chevaux. Avec les chemins de fer détruits, les routes effondrées, la Seine obstruée, ce n'était pas, tant s'en faut, la certitude d'aller jusqu'à l'heure du ravitaillement. Aujourd'hui même nous tremblons de voir cesser le pain et les autres provisions avant l'arrivée des premiers convois. Nous avons donc tenu au delà du possible, nous avons affronté la chance qui nous menace encore de soumettre aux horribles éventualités de la famine une population de deux millions d'âmes.

Nous disons hautement que Paris a fait absolument et sans réserve tout ce qu'une ville assiégée pouvait faire. Nous rendons à la population, que l'armistice vient de sauver, ce témoignage qu'elle a été jusqu'à la fin d'un courage et d'une constance héroïques. La France, qui retrouve Paris après cinq mois, peut être fière de sa capitale.

Nous avons cessé la résistance, rendu les forts, désarmé l'enceinte ; notre garnison est prisonnière de guerre ; nous payons une contribution de deux cents millions.

Mais l'ennemi n'entre pas dans Paris ; il reconnaît le

principe de la souveraineté populaire ; il laisse à notre garde nationale ses armes et son organisation ; il laisse intacte une division de l'armée de Paris.

Nos régiments gardent leurs drapeaux, nos officiers gardent leurs épées. Personne n'est emmené prisonnier hors de l'enceinte. Jamais place assiégée ne s'est rendue dans des conditions aussi honorables ; et ces conditions sont obtenues quand le secours est impossible et le pain épuisé.

Enfin, l'armistice qui vient d'être conclu a pour effet immédiat la convocation, par le Gouvernement de la République, d'une assemblée, qui décidera souverainement de la paix ou de la guerre.

L'empire, sous ses diverses formes, offrait à l'ennemi de commencer des négociations. L'Assemblée arrivera à temps pour mettre à néant ces intrigues et pour sauvegarder le principe de la souveraineté nationale. La France seule décidera des destinées de la France. Il a fallu se hâter ; le retard, dans l'état où nous sommes, était le plus grand péril. En huit jours, la France aura choisi ses mandataires. Qu'elle préfère les plus dévoués, les plus désintéressés, les plus intègres.

Le grand intérêt pour nous, c'est de revivre et de panser les plaies saignantes de la patrie. Nous sommes convaincus que cette terre ensanglantée et ravagée produira des moissons et des hommes, et que la prospérité nous reviendra après tant d'épreuves, pourvu que nous sachions mettre à profit, sans aucun délai, le peu de jours que nous avons pour nous reconstituer et nous consulter.

Le jour même de la réunion de l'Assemblée, le Gouvernement déposera le pouvoir entre ses mains. Ce jour-là, la France, en se regardant, se trouvera profondément malheureuse ; mais si elle se trouve aussi retrempée par

le malheur et en pleine possession de son énergie et de
sa souveraineté, elle sentira renaître sa foi dans la grandeur de son avenir.

> GÉNÉRAL TROCHU, JULES FAVRE, JULES
> SIMON, EUGÈNE PELLETAN, EMMANUEL
> ARAGO, ERNEST PICARD, GARNIER-
> PAGÈS, JULES FERRY.

Général Clinchant à guerre, Bordeaux.

Verrières-de-Joux, le 2 février 1871, 1 h. 45 m. matin

Je vous envoie copie de la convention passée avec le
gouvernement helvétique :

Entre M. le général en chef de l'armée de la Confédération suisse et M. le général de division Clinchant, général en chef de la 1re armée française, il a été fait les
conventions suivantes :

1° L'armée française, demandant à passer sur le territoire de la Suisse, déposera ses armes, équipements et munitions en y pénétrant ;

2° Ces armes, équipements et munitions seront resti-
tués à la France après la paix, et après le règlement définitif des dépenses occasionnées à la Suisse par le séjour
des troupes françaises. Il en sera de même pour le matériel d'artillerie et les munitions.

4° Les chevaux, armes et effets des officiers seront lais-
sés à leur disposition. Des dispositions ultérieures seront
prises à l'égard des chevaux de troupes.

(Manquent les § 3 et 5 que l'on a demandés à Lyon
qui, paraît-il, n'a plus de communications avec Verrières.)

6° Les voitures de vivres et de bagages, après avoir

déposé leur contenu, retourneront immédiatement en France avec leurs conducteurs et chevaux.

7° Les voitures du Trésor et des postes seront remises, avec tout leur contenu, à la Confédération helvétique, qui en tiendra compte lors du règlement des dépenses.

8° L'exécution de ces dispositions aura lieu en présence d'officiers français et suisses désignés à cet effet.

9° La Confédération se réserve la désignation d'internement pour les officiers et pour la troupe.

10° Il appartient au Conseil fédéral d'indiquer les prescriptions de détail destinées à compléter la présente convention.

Fait en triple expédition, Verrières, le 1er février 1871.

CLINCHANT, HANS HERZOG.

Signé : Général CLINCHANT.

Convention pour l'armistice

Extrait du *Journal officiel* du 29 janvier 1871.

C'est le cœur brisé de douleur que nous déposons les armes. Ni les souffrances, ni la mort dans le combat n'auraient pu contraindre Paris à ce cruel sacrifice. Il ne cède qu'à la faim. Il s'arrête quand il n'a plus de pain. Dans cette cruelle situation, le gouvernement a fait tous ses efforts pour adoucir l'amertume d'un sacrifice imposé par la nécessité. Depuis lundi soir il négocie; ce soir a été signé un traité qui garantit à la garde nationale tout entière son organisation et ses armes; l'armée, déclarée prisonnière de guerre, ne quittera point Paris. Les officiers garderont leur épée. Une Assemblée nationale est convoquée. La France est malheureuse mais elle n'est pas abattue. Elle a fait son devoir; elle reste maîtresse d'elle-même.

Voici le texte de la Convention signée ce soir à huit heures, et rapportée par M. le ministre des affaires étrangères. Le gouvernement s'est immédiatement occupé de régler toutes les conditions du ravitaillement, et d'expédier les agents, qui partiront dès demain matin.

CONVENTION

Entre M. le comte de Bismarck, chancelier de la Confédération germanique, stipulant au nom de S. M. l'empereur d'Allemagne, roi de Prusse, et M. Jules Favre, ministre des affaires étrangères du Gouvernement de la défense nationale, munis de pouvoirs réguliers.

Ont été arrêtées les conventions suivantes :

ARTICLE PREMIER

Un armistice général, sur toute la ligne des opérations militaires en cours d'exécution entre les armées allemandes et les armées françaises, commencera pour Paris aujourd'hui même, pour les départements dans un délai de trois jours ; la durée de l'armistice sera de vingt et un jours, à dater d'aujourd'hui, de manière que, sauf le cas où il serait renouvelé, l'armistice se terminera partout le 19 février à midi.

Les armées belligérantes conserveront leurs positions respectives, qui seront séparées par une ligne de démarcation. Cette ligne partira de Pont-l'Évêque, sur les côtes du département du Calvados, se dirigera sur Lignières, dans le nord-est du département de la Mayenne, en passant entre Briouze et Fromentel ; en touchant au département de la Mayenne à Lignières, elle suivra la limite qui sépare ce département de celui de l'Orne et de la Sarthe, jusqu'au nord de Morannes, et sera continuée de manière à laisser à l'occupation allemande les départements de la Sarthe, Indre-et-Loire, Loir-et-Cher, du Loiret, de l'Yonne, jusqu'au point où, à l'est de Quarreles-Tombes, se touchent les départements de la Côte-d'Or, de la Nièvre et de l'Yonne. A partir de ce point, le tracé de la ligne sera réservé à une entente qui aura lieu aussitôt que les parties contractantes seront renseignées sur la situation actuelle des opérations militaires en exécution dans les départements de la Côte-d'Or, du Doubs et du Jura. Dans tous les cas, elle traversera le territoire composé de ces trois départements, en laissant à l'occupation allemande les départements situés au nord, à l'armée française ceux situés au midi de ce territoire.

Les départements du Nord et du Pas-de-Calais, les forteresses de Givet et de Langres, avec le terrain qui les entoure à une distance de 10 kilomètres, et la péninsule du Havre jusqu'à une ligne à tirer d'Etretat, dans la direction de Saint-Romain, resteront en dehors de l'occupation allemande.

Les deux armées belligérantes et leurs avant-postes de part et d'autre, se tiendront à une distance de 10 kilomètres au moins des lignes tracées pour séparer leurs positions.

Chacune des deux armées se réserve le droit de maintenir son autorité dans le territoire qu'elle occupe, et d'employer les moyens que ses commandants jugeront nécessaires pour arriver à ce but.

L'armistice s'applique également aux forces navales des deux pays, en adoptant le méridien de Dunkerque comme ligne de démarcation, à l'ouest de laquelle se tiendra la flotte française, et à l'est de laquelle se retireront, aussitôt qu'ils pourront être avertis, les bâtiments de guerre allemands qui se trouvent dans les eaux occidentales. Les captures qui seraient faites après la conclusion et avant la notification de l'armistice, seront restituées, de même que les prisonniers qui pourraient être faits de part et d'autre, dans des engagements qui auraient eu lieu dans l'intervalle indiqué.

Les opérations militaires sur le terrain des départements du Doubs, du Jura et de la Côte-d'Or, ainsi que le siége de Belfort, se continueront, indépendamment de l'armistice, jusqu'au moment où on se sera mis d'accord sur la ligne de démarcation, dont le tracé à travers les trois départements mentionnés a été réservé à une entente ultérieure.

Art. 2.

L'armistice ainsi convenu a pour but de permettre au Gouvernement de la défense nationale de convoquer une Assemblée librement élue qui se prononcera sur la question de savoir : si la guerre doit être continuée, ou à quelles conditions la paix doit être faite.

L'Assemblée se réunira dans la ville de Bordeaux.

Toutes les facilités seront données par les commandants des armées allemandes, pour l'élection et la réunion des députés qui la composeront.

Art. 3.

Il sera fait immédiatement remise à l'armée allemande, par l'autorité militaire française, de tous les forts formant le périmètre de la défense extérieure de Paris, ainsi que de leur matériel de guerre. Les communes et les maisons situées en dehors de ce périmètre ou entre les forts pourront être occupées par le troupes allemandes, jusqu'à une ligne à tracer par des commissaires militaires. Le terrain restant entre cette ligne et l'enceinte fortifiée de la ville de Paris sera interdit aux forces armées des deux parties. La manière de rendre les forts, et le tracé de la ligne mentionnée formeront l'objet d'un protocole à annexer à la présente convention.

Art. 4.

Pendant la durée de l'armistice, l'armée allemande n'entrera pas dans la ville de Paris.

Art. 5.

L'enceinte sera désarmée de ses canons, dont les affûts seront transportés dans les forts à désigner par un commissaire de l'armée allemande (1).

Art. 6.

Les garnisons (armée de ligne, garde mobile et marins) des forts et de Paris seront prisonnières de guerre, sauf une division de 12,000 hommes, que l'autorité militaire dans Paris conservera pour le service intérieur.

Les troupes prisonnières de guerre déposeront leurs armes, qui seront réunies dans des lieux désignés et livrées suivant règlement par commissaires suivant l'usage ; ces troupes resteront dans l'intérieur de la ville, dont elles ne pourront pas franchir l'enceinte pendant l'armistice. Les autorités françaises s'engagent à veiller à ce que tout individu appartenant à l'armée et à la garde mobile reste consigné dans l'intérieur de la ville. Les officiers des troupes prisonnières seront désignés par une liste à remettre aux autorités allemandes.

A l'expiration de l'armistice, tous les militaires auront à se constituer prisonniers de guerre de l'armée allemande, si la paix n'est pas conclue jusque-là.

Les officiers prisonniers conserveront leurs armes.

Art. 7.

La garde nationale conservera ses armes; elle sera chargée de la garde de Paris et du maintien de l'ordre. Il en sera de même de la gendarmerie et des troupes assimilées, employées dans le service municipal, telles que garde républicaine, douaniers et pompiers; la totalité de cette catégorie n'excèdera pas 3,500 hommes.

---

(1) Dans le protocole, cette condition du transport des affûts dans les forts a été abandonnée par les commissaires allemands, sur la demande des commissaires français.

Tous les corps de francs-tireurs seront dissous par une ordonnance du gouvernement français.

Art. 8.

Aussitôt après la signature des présentes et avant la prise de possession des forts, le commandant en chef des armées allemandes donnera toutes facilités aux commissaires que le gouvernement français enverra, tant dans les départements qu'à l'étranger, pour préparer le ravitaillement et faire approcher de la ville les marchandises qui y sont destinées.

Art. 9.

Après la remise des forts et après le désarmement de l'enceinte et de la garnison stipulés dans les articles 5 et 6, le ravitaillement de Paris s'opérera librement par la circulation sur les voies ferrées et fluviales. Les provisions destinées à ce ravitaillement ne pourront être puisées dans le terrain occupé par les troupes allemandes, et le gouvernement français s'engage à en faire l'acquisition en dehors de la ligne de démarcation qui entoure les positions des armées allemandes, à moins d'autorisation contraire donnée par les commandants de ces dernières.

Art. 10.

Toute personne qui voudra quitter la ville de Paris devra être munie de permis réguliers délivrés par l'autorité militaire française, et soumis au visa des avant-postes allemands. Ces permis et visas seront accordés de droit aux candidats à la députation en province et aux députés de l'Assemblée.

La circulation des personnes qui auront obtenu l'autorisation indiquée, ne sera admise qu'entre six heures du matin et six heures du soir.

Art. 11.

La ville de Paris payera une contribution municipale de guerre de la somme de 200 millions de francs. Ce payement devra être effectué avant le quinzième jour de l'armistice. Le mode de payement sera déterminé par une commission mixte allemande et française.

Art 12.

Pendant la durée de l'armistice, il ne sera rien distrait des valeurs publiques pouvant servir de gages au recouvrement des contributions de guerre.

Art. 13.

L'importation dans Paris d'armes, de munitions ou de matières servant à leur fabrication, sera interdite pendant la durée de l'armistice.

Art. 14.

Il sera procédé immédiatement à l'échange de tous les prisonniers de guerre qui ont été faits par l'armée française depuis le commencement de la guerre. Dans ce but, les autorités françaises remettront, dans le plus bref délai, des listes nominatives des prisonniers de guerre allemands aux autorités allemandes à Amiens, au Mans, à Orléans et à Vesoul. La mise en liberté des prisonniers de guerre allemands s'effectuera sur les points les plus rapprochés de la frontière. Les autorités allemandes remettront en échange, sur les mêmes points et dans le plus bref délai possible, un nombre pareil de prisonniers français de grades correspondants, aux autorités militaires françaises.

L'échange s'étendra aux prisonniers de condition bourgeoise, tels que les capitaines de navires de la marine marchande allemande et les prisonniers français civils qui ont été internés en Allemagne.

Art. 15.

Un service postal pour des lettres non cachetées sera organisé entre Paris et les départements, par l'intermédiaire du quartier général de Versailles.

En foi de quoi les soussignés ont revêtu de leurs signatures et de leur sceau les précédentes conventions.

Fait à Versailles, le 28 janvier 1871.

Signé : Jules FAVRE, BISMARCK.

Élection des Représentants du Peuple

A *l'Assemblée nationale*

1er DÉCRET

Les membres du Gouvernement de la défense nationale siégeant à Bordeaux,

Décrètent :

Art. 1er. — Les assemblées électorales sont convoquées pour nommer les représentants du peuple à l'Assemblée nationale.

Art. 2. — Elles se réuniront mercredi 8 février prochain pour procéder aux élections dans les formes de la loi.

Art. 3. — Un décret rendu aujourd'hui règle les dispositions légales; il va être immédiatement publié.

Art. 4. — Les préfets, sous-préfets et maires, sont chargés de l'exécution du présent décret, qui sera publié, affiché et exécuté aux termes de l'article 4 de l'ordonnance du 27 novembre 1816 et de l'ordonnance du 18 janvier 1817.

Fait à Bordeaux, le 31 janvier 1871.

Signé : Ad. Crémieux, Léon Gambetta, Glais-Bizoin, L. Fourrichon.

—

2ᵉ DÉCRET

Les membres du Gouvernement de la défense nationale, délégués pour représenter le gouvernement et en exercer les pouvoirs, considérant qu'il est juste que tous les complices du régime qui a commencé par l'attentat du 2 décembre, pour finir par la capitulation de Sedan, en léguant à la France la ruine et l'invasion, soient frappés momentanément de la même déchéance politique que la dynastie à jamais maudite dont ils ont été les coupables instruments, considérant que c'est là une sanction nécessaire de la responsabilité qu'ils ont encourue, en aidant et assistant avec connaissance de cause l'ex-empereur dans l'accomplissement des divers actes de son gouvernement qui ont mis la patrie en danger,

Décrètent :

Art. 1ᵉʳ. — Ne pourront être élus représentants du peuple à l'Assemblée nationale les individus qui, depuis le 2 décembre 1851 jusqu'au 4 septembre 1870, ont accepté les fonctions de ministre, sénateur, conseiller d'État et préfet.

Art. 2. — Sont également exclus de l'éligibilité à l'Assemblée nationale les individus qui, aux élections législatives qui ont eu lieu depuis le 2 décembre 1851 jusqu'au 4 septembre 1870, ont accepté la candidature officielle et dont les noms figurent dans la liste des candidatures recommandées par les préfets aux suffrages des électeurs, et ont été publiées au *Moniteur officiel* avec les mentions (candidats au gouvernement, candidats de l'administration ou candidats officiels).

Art. 3. — Sont nuls de nullité absolue les bulletins de vote, portant les noms des individus compris dans les catégories ci-dessus désignées. Ces bulletins ne seront pas comptés dans la supputation des voix.

Fait à Bordeaux, le 31 janvier 1871.

Signé : AD. CRÉMIEUX, LÉON GAMBETTA, GLAIS-BIZOIN, L. FOURRICHON.

—

3ᵉ DÉCRET

La délégation du Gouvernement de la défense nationale, vu le décret, à la date de ce jour, qui convoque pour le 8 février les citoyens qui doivent procéder à l'élection de l'Assemblée nationale voulant, autant qu'il est possible dans des circonstances aussi urgentes pourvoir au moyen d'assurer la vérité, la liberté et le secret du vote universel.

Décrète :

Art. 1ᵉʳ. — Le maire de chaque commune dressera immédiatement une liste générale des habitants de la commune âgés de vingt et un ans au moins, citoyens français.

Cette liste sera publiée et affichée samedi 4, ou dimanche 5 février au matin.

Art. 2. — Tous ceux qui seraient omis pourront dans la journée de dimanche et de lundi, jusqu'à dix heures du soir, porter leur réclamation devant le maire, qui réunira sous sa présidence une commission de quatre membres pris parmi les électeurs ; cette commission statuera sur toutes les demandes sans appel ni recours.

Art. 3. — La liste additionnelle sera affichée le mardi

soir, et les citoyens qui auront été inscrits prendront part au vote.

Art. 4. — Participeront à l'élection les citoyens français âgés de vingt et un ans, inscrits sur les listes électorales et additionnelles sauf les exceptions portées à l'article de la loi du 15-18 mars 1849.

Art. 5. — Tous les électeurs voteront au chef-lieu de leur canton par scrutin de liste, néanmoins le préfet peut à cause des circonstances locales, diviser en deux ou trois circonscriptions, dans ce cas le vote pour chacune de ces sections, aura lieu dans la commune qu'il aura spécialement désignée.

Art. 6. — Il n'y aura qu'un seul jour de vote.

Art. 7. — Le scrutin sera ouvert le mercredi 8 février depuis sept heures du matin jusqu'à sept heures du soir, il sera procédé selon les prescriptions de la loi du 15-18 mars 1849, avec cette seule dérogation, que le préfet pourra désigner pour chaque section où l'élection aura lieu le président du bureau électoral.

Art. 8. — Le scrutin sera secret.

Art. 9. — Le dépouillement aura lieu le soir même du mercredi, il sera commencé à sept heures et demie, les tables de dépouillement seront composées de six membres au moins.

Art. 10. — Les éligibles qui auront obtenu le plus grand nombre de suffrages légaux, quel que soit le nombre d'électeurs inscrits, ou des votants seront proclamés représentants élus à l'Assemblée nationale.

Art. 11. — Le nombre total des représentants du peuple à l'Assemblée nationale, sera de 759, non compris les colonies françaises.

Art. 12. — Les représentants à nommer sur la base de la population, seront répartis entre les départements, selon le tableau joint au présent décret et qui en fait partie intégrante.

Art. 13. — Si dans le tableau quelques erreurs s'étaient glissées, qui privassent un ou plusieurs départements d'un nombre quelconque de représentants, l'Assemblée nationale fixerait le nombre et le gouvernement le ferait compléter immédiatement par l'élection. L'erreur en plus ne serait réparable qu'à l'élection d'une nouvelle assemblée.

Art. 14. — Sont éligibles tous les citoyens français qui ont droit à être inscrits sur la liste électorale pourvu qu'ils aient atteint l'âge de vingt-cinq ans.

Art. 15. — Sont exclus de l'éligibilité les membres des familles qui ont régné sur la France depuis 1789. Sont nuls de nullité absolue les bulletins de vote portant les noms des personnes désignées dans le présent article.

Ces bulletins ne seront pas comptés dans la supputation des voix.

Art. 16. — Ne peuvent être élus représentants du peuple, les individus compris dans l'une des premières catégories de l'article 79 de la loi du 15-18 mars 1849 et dans les dispositions de l'article 81 de la même loi.

Art. 17. — Les incompatibilités portées dans les articles 82 et suivants de cette loi sont abolies, et les articles jusques et y compris l'article 89 sont abrogés.

Art. 18. — L'article 61 de la même loi est applicable aux armées en campagne sous les drapeaux, dans les armées ou dans les camps, les soldats, les mobiles, les mobilisés et les marins ont le droit de voter et l'exercent dans les termes de cet article.

Art. 19. — Les citoyens qui sont hors de leur département et qui veulent prendre part à l'élection, ont le droit de voter dans le canton où ils se trouvent, s'ils sont accompagnés au bureau de deux électeurs qui constatent leur individualité et leur droit. Leur bulletin peut porter les noms des éligibles de leur département, et dans ce cas le bulletin sera envoyé au préfet de ce département par le président de la section.

Art. 20. — Le nombre des députés dans les colonies est réparti comme il suit :

Martinique 2, Guadeloupe 2, Guyane 1, Sénégal 1, Réunion 2. Total 8. Dans ces colonies, l'élection aura lieu le troisième dimanche qui suivra la réception dans chaque colonie du *Moniteur universel*, publiant le décret de convocation.

Dispositions transitoires.

Art. 21. — La Réunion ayant nommé ses deux députés sous l'empire du décret du 1er octobre, et sans avoir connaissance du décret qui l'a révoqué, la validité de l'élection et l'admission des deux députés élus seront soumises à la Chambre.

Art. 22. — La loi électorale des 15-18 mars 1849 est d'ailleurs applicable dans toutes celles de ses dispositions qui ne sont pas contraires au présent décret.

Toute disposition législative concernant les élections postérieures à cette loi est et demeure abrogée.

Fait à Bordeaux, le 31 janvier 1871.

> *Signé :* Ad. Crémieux, Léon Gambetta, Glais-Bizoin, L. Fourrichon.

Général Billot à Gambetta, intérieur et guerre

Lyon (Perrache), 3 février 1871, 10 h. 30 matin.

Après avoir couvert la retraite de l'armée, conformément aux ordres du général Clinchant, je viens, avec son autorisation et sans être interné, rendre compte de notre situation au Gouvernement de la défense nationale et prendre ses ordres. Le 18ᵉ corps et la réserve ont vaillamment combattu le 1ᵉʳ février à la Cluse et à Oyel, près le fort de Jouy. Deux attaques des Prussiens ont été repoussées. Nous sommes restés maîtres des positions sur toute la ligne, 64 prisonniers sont restés entre nos mains. Les pertes de l'ennemi sont considérables. Le manque de vivres et de munitions joint à l'ensemble des mouvements prescrits en raison de la situation faite à l'armée par l'armistice exécuté par nous pendant trois jours, pendant que l'ennemi marchait pour couper nos communications, m'a déterminé, conformément aux instructions du général Clinchant, à ordonner la retraite. Elle s'est effectuée en Suisse, partie sur Gex, pour des corps isolés auxquels j'ai donné liberté de manœuvres. Le combat du 1ᵉʳ février nous coûte 700 hommes et notamment l'héroïque colonel Achille, qui, depuis deux mois, allait au feu avec deux blessures ouvertes. L'attitude de nos troupes d'arrière-garde a été admirable aux combats de la Cluse et d'Oyel, malgré le découragement produit par l'armistice, la proximité de la Suisse et les privations de toute nature qu'elles supportaient depuis deux mois.

BILLOT.

Circulaire

Bordeaux, le 4 février 1871, 5 h. 30.

Accusez réception de la note suivante que vous ferez publier et afficher partout où besoin sera.

M. Jules Simon, membre du gouvernement de Paris, a apporté à Bordeaux l'annonce d'un décret électoral qui serait en désaccord sur un point, avec le décret rendu par le gouvernement siégeant à Bordeaux.

Le gouvernement de Paris est investi depuis quatre mois, coupé de toute communication avec l'esprit public, de plus il est à l'état de prisonnier de guerre.

Rien ne dit que, mieux informé, il ne fût pas tombé d'accord avec le gouvernement de Bordeaux, rien ne dit non plus, qu'en dehors de la mission de faire procéder aux élections, donnée en termes généraux à M. Jules Simon, il ait entendu régler d'une façon absolue et définitive le cas particulier des incompatibilités.

Dans ces circonstances, le gouvernement de Bordeaux croit devoir maintenir son décret. Il le maintient, malgré les remontrances et l'ingérence de M. Bismarck dans les affaires intérieures du pays, il le maintient, au nom de l'honneur et des intérêts de la France.

Un membre du gouvernement de Bordeaux part, aujourd'hui même, pour porter à la connaissance du gouvernement de Paris le véritable état des choses.

Fait à Bordeaux, le 4 février 1871.

Signé : AD. CRÉMIEUX, LÉON GAMBETTA, GLAIS-BIZOIN, L. FOURRICHGN.

Circulaire

Bordeaux, le 6 février 1871.

J'ai reçu de la main de MM. Em. Arago, Garnier Pagès et Eug. Pelletan, membres du gouvernement de la défense nationale, qui arrivent à l'instant de Paris, et je m'empresse de vous faire connaître par voie télégraphique le décret suivant, avec ordre de le faire publier et afficher immédiatement dans toutes les communes de France.

Le Gouvernement de la défense nationale,

Vu un décret en date du 31 janvier 1871, émané de la délégation du gouvernement, à Bordeaux, par lequel sont frappés d'inéligibilité, diverses catégories de citoyens éligibles aux termes des décrets du gouvernement du 29 janvier 1871.

Considérant que les restrictions imposées au choix des électeurs par le susdit décret sont incompatibles avec le principe de la liberté du suffrage universel,

Décrète :

Le décret sus-visé rendu par la délégation du gouvernement à Bordeaux, est annulé.

Les décrets du 29 janvier 1871 sont maintenus dans leur intégrité.

Fait à Paris, le 4 février 1871.

GARNIER-PAGÈS, JULES FAVRE, TROCHU, ERNEST PICARD, JULES FERRY, EM. ARAGO, EUGÈNE PELLETAN.

Fait à Bordeaux, le 6 février 1871.

Le membre du Gouvernement,
JULES SIMON.
Le secrétaire du Gouvernement,
ANDRÉ LAVERTUJON.

Circulaire

Bordeaux, le 6 février 1871.

Malgré les objections graves et les résistances légitimes que soulevait l'exécution de la convention de Versailles, je m'étais résigné, pour donner, comme je le disais, un gage incontestable de modération et de bonne foi, et pour ne pas quitter le poste sans en avoir été relevé, à faire procéder aux élections.

Vous connaissez, M. le Préfet, par les divers documents

qui vous ont été transmis, quels devaient être la nature et le caractère de ces élections. Je persiste à croire qu'il en peut sortir, malgré les difficultés matérielles de toutes sortes dont nous accable l'ennemi, une assemblée fière et résolue.

Le décret qui, selon moi, satisfaisait à la fois à un besoin de justice à l'égard des coopérateurs responsables du régime impérial et à un sentiment de prudence vis-à-vis des intrigues étrangères, a excité une injurieuse protestation de M. de Bismarck.

Depuis lors, à la date du 4 février 1871, les membres du gouvernement de Paris ont, par une mesure législative, rapporté notre décret. Ils ont, de plus, envoyé à Bordeaux MM. Garnier-Pagès, E. Pelletan, Em. Arago, co-signataires du décret d'abrogation, avec mandat de le faire appliquer.

Le gouvernement de Paris avait d'ailleurs passé directement des dépêches à plusieurs préfets de différents départements pour l'exécution du décret du 4 février. Il y a là, tout à la fois, un désaveu et une révocation du ministre de l'intérieur et de la guerre. La divergence des opinions sur le fond des choses, au point de vue intérieur et extérieur, se manifeste ainsi de manière à ne laisser aucun doute. Ma conscience me fait un devoir de résigner mes fonctions de membre d'un gouvernement avec lequel je ne suis plus en communion d'idée, ni d'espérance.

J'ai l'honneur de vous informer que j'ai remis ma démission aujourd'hui même.

En vous remerciant du concours patriotique et dévoué que j'ai toujours trouvé en vous pour mener à bonne fin l'œuvre que j'avais entreprise, je vous prie de me laisser vous dire que mon opinion, profondément réfléchie, est qu'à raison de la brièveté des délais et des graves intérêts qui sont en jeu, vous rendrez un suprême service à la

République en faisant procéder aux élections du 8 février, et vous réservant, après ce délai, de prendre telle détermination qui vous conviendrait.

Je vous prie d'agréer l'expression de mes sentiments fraternels.

Léon GAMBETTA.

Circulaire

Bordeaux, le 6 février 1871.

Je porte à votre connaissance que je viens d'être appelé par mes collègues au poste de ministre de l'intérieur. Je me joins à Gambetta pour vous dire que le premier intérêt de la République en ce moment est de procéder aux élections le 8 février avec le plus grand calme.

Rien n'est changé aux instructions que vous avez reçues; faites seulement savoir que le suffrage universel peut agir dans la plénitude de son droit sans aucune exclusion, ni catégorie.

Vive la République!

Le membre du Gouvernement de la défense nationale, ministre de l'intérieur,

Emmanuel ARAGO.

Général Garibaldi à gouvernement.

Citoyen ministre de la guerre,

Ayant été honoré par le Gouvernement de la défense nationale du commandement de l'armée des Vosges et voyant ma mission finie, je demande ma démission.

Je vous salue.

G. GARIBALDI.

Bordeaux, 13 février 1871.

Réponse du gouvernement

Général,

Le ministre de la guerre nous remet la lettre par laquelle vous nous donnez votre démission du commandement de l'armée des Vosges.

En acceptant cette démission, le gouvernement a le devoir de vous adresser, au nom du pays, ses remercîments et l'expression de ses regrets.

La France n'oubliera pas, général, que vous avez glorieusement combattu avec ses enfants pour la défense de son territoire et pour la cause républicaine.

Agréez notre salut cordial et fraternel.

Les membres du gouvernement :

Jules SIMON, E. ARAGO, E. PELLETAN, GARNIER-PAGÈS.

Le ministre de la guerre,
Général LE FLO.

Intérieur à préfets.

Bordeaux, le 16 février, 5 h. 20, soir.

Voici le résultat définitif, avec chiffres, des élections de Paris :

Louis Blanc, 216,471; Victor Hugo, 214,169; Garibaldi, 200,065; Quinet, 199,008; Gambetta, 191,211; Rochefort, 163,428; amiral Saisset, 154,347; Delescluse, 153,897; Joigneaux, 153,314; Schœlcher, 149,910; Félix Pyat, 141,118; H. Martin, 139,155; amiral Pothuau, 138.142; Lockroy, 134,635; Gambon, 129,573; Dorian, 128,197; Ranc, 126,572; Malon, 117,253; Brisson, 115,710; Thiers, 102,954; Sauvage, 102,690; Martin

Bernard, 102,188; Marc Dufraisse, 101,192; Greppo, 101,001; Langlois, 95,756; général Frébault, 95,235; Clémenceau, 95,048; Vacherot, 94,394; Jean Brunet, 93,645; Floquet, 93,438; Cournet, 91,648; Tolain, 89,160; Littré, 87,780; Jules Favre, 81,126; Arnaud (de l'Ariége), 79,710; Ledru-Rollin, 76,736; Léon Say, 75,939; Tirard, 75,178; Razoua, 74,415; Ed. Adam, 73,217; Millière, 73,145; Peyrat, 72,243; Farcy, 69,798.

Les quarante-trois noms qui précèdent ont obtenu à la fois la majorité relative et plus du huitième des électeurs inscrits, huitième qui est d'un peu plus de 68,000 voix. Le premier candidat venant ensuite est Asseline, avec 65,477 voix.

FIN DE LA DEUXIÈME SÉRIE

La troisième et dernière série comprend les dépêches du Gouvernement français, concernant la politique extérieure de la France vis à vis de l'Allemagne et la politique intérieure, ainsi que les dépêches qui ont trait à la Commune et au second siège de Paris.

EN VENTE CHEZ LES MÊMES ÉDITEURS

Paris. — Imp. Émile Voitelain et Cᵉ, 61, rue J.-J.-Rousseau.

www.ingramcontent.com/pod-product-compliance
Lightning Source LLC
Chambersburg PA
CBHW052046270326
41931CB00012B/2655